《重庆市献血条例》释义

重庆市人民代表大会法制委员会
重庆市人民代表大会教育科学文化卫生委员会
重庆市人民代表大会常务委员会法制工作委员会　编
重庆市司法局
重庆市卫生健康委员会

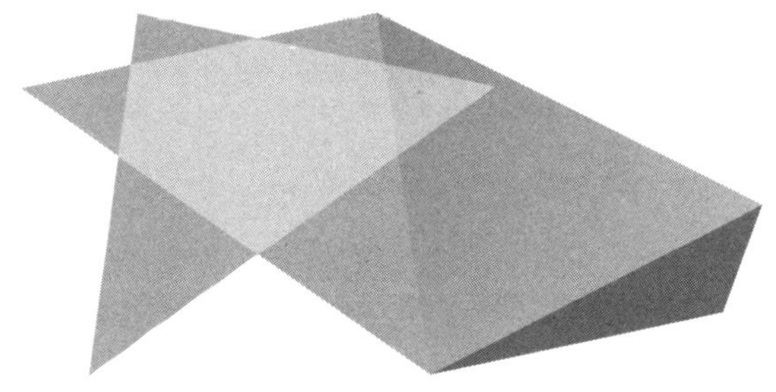

重庆大学出版社

图书在版编目(CIP)数据

《重庆市献血条例》释义 / 重庆市人民代表大会法制委员会等编. -- 重庆 : 重庆大学出版社,2019.8
ISBN 978-7-5689-1633-2

Ⅰ. ①重… Ⅱ. ①重… Ⅲ. ①献血—条例—注释—重庆 Ⅳ. ①D922.165

中国版本图书馆 CIP 数据核字(2019)第 138562 号

《重庆市献血条例》释义

重庆市人民代表大会法制委员会
重庆市人民代表大会教育科学文化卫生委员会
重庆市人民代表大会常务委员会法制工作委员会　编
重庆市司法局
重庆市卫生健康委员会

策划编辑:杨粮菊　杨　黎

责任编辑:陈　力　兰明娟　版式设计:杨粮菊
责任校对:邹　忌　责任印制:张　策

*

重庆大学出版社出版发行
出版人:饶帮华
社址:重庆市沙坪坝区大学城西路 21 号
邮编:401331
电话:(023) 88617190　88617185(中小学)
传真:(023) 88617186　88617166
网址:http://www.cqup.com.cn
邮箱:fxk@cqup.com.cn (营销中心)
全国新华书店经销
重庆市正前方彩色印刷有限公司印刷

*

开本:890mm×1240mm　1/16　印张:4.875　字数:110 千
2019 年 8 月第 1 版　2019 年 8 月第 1 次印刷
ISBN 978-7-5689-1633-2　定价:38.00 元

编 委 会

前　言

1998 年 12 月 26 日，重庆市第一届人民代表大会常务委员会第十三次会议通过了《重庆市献血条例》（以下简称《条例》）。2010 年 7 月 23 日，重庆市第三届人民代表大会常务委员会第十八次会议《关于修改部分地方性法规的决定》对《条例》进行了修正。2017 年 11 月 30 日，重庆市第四届人民代表大会常务委员会第四十二次会议对《条例》进行了修订，并于 2018 年 6 月 1 日起施行。

《条例》严格按照《中华人民共和国献血法》，参考《血站管理办法》（卫生部令第 44 号）、《医疗机构临床用血管理办法》（卫生部令第 85 号），吸收了国务院、国家卫生健康等相关部门规范性文件，结合重庆采供血工作实际情况进行了全面修订。在当前全面深化医药卫生体制改革、经济社会处于转型时期的大背景下，这部地方性法规的修订实施，对于弘扬自愿无偿献血的奉献精神、理顺重庆市献血工作体制机制、加大无偿献血宣传动员、增强献血保障和激励、提升采供血机构服务能力建设、促进采供血机构依法执业，保障重庆市医疗临床用血供应、促进医疗卫生事业的发展，都具有十分重要和积极的意义。

“徒法不足以自行”。为了配合《条例》的学习、宣传和实施，帮助广大卫生行政部门工作人员与执法人员、采供血机构从业人员、医疗机构管理人员及医护人员、广大献血者和普通公民对《条例》的理解与应用，重庆市人民代表大会法制委员会、重庆市人民代表大会教育科学文化卫生委员会、重庆市人民代表大会常务委员会法制工作委员会、重庆市司法局、重庆市卫生健康委员会联合编写了本书。

本书力求准确、详尽、通俗地对条例进行逐条释义，并把握以下三个原则：一是紧扣立法精神，从立法原意对条文进行阐释；二是注重援引相关上位法或相关规范性文件，做到既介绍立法背景，又突出《条例》执行中的要点；三是展现立法全过程，收录了相关立法文件和与《条例》高度相关的上位法、标准和规范性文件，以便读者全面了解和查阅参考。

由于编者水平有限，本释义难免有错漏之处，敬请广大读者批评指正。

编　者

2019 年 6 月

目　录

第一部分　条文释义

第二部分 相关法律文件

第一部分　条文释义

第一章　总　则

本章共八条，主要包括《重庆市献血条例》（以下简称《条例》）的立法目的、立法依据、适用范围、献血基本制度及献血主体、政府职责、部门职责、血站、献血志愿服务、献血表彰奖励。这些概括性、原则性的规定，对《条例》起着统揽和总纲的作用，对于准确把握和适用《条例》具有重要的意义，分则中的各项具体制度和条文都是对总则规定的各项基本原则、基本制度的细化。

第一条　为保证医疗临床用血需要和安全，保障献血者和用血者的身体健康，发扬人道主义精神，推动和规范献血工作，根据《中华人民共和国献血法》和有关法律、行政法规，结合本市实际，制定本条例。

【释义】本条是关于立法依据和立法目的的规定。

一、本条根据《中华人民共和国献血法》（以下简称《献血法》）第一条、参考《血站管理办法》（卫生部令第44号）、《医疗机构临床用血管理办法》（卫生部令第85号）等制定。

二、《献血法》第一条规定："为保证医疗临床用血需要和安全，保障献血者和用血者身体健康，发扬人道主义精神，促进社会主义物质文明和精神文明建设，制定本法。”本条在该法的基础上，将推动和规范献血工作增补为本《条例》立法目的，旨在从重庆市献血工作的实际出发，强调本市献血工作的规范运行。

三、1998年12月26日，重庆市第一届人民代表大会常务委员会第十三次会议审议通过了《条例》，实施近20多年来，《条例》对保障重庆市医疗临床用血需要和安全，规范献血工作起到了重要作用。但是，随着我国法治建设步伐的加快和重庆市经济社会发展，《条例》已难以适应新形势、新时代的发展要求，突出表现在以下三方面：一是原《条例》立法的指导思想仍然拘泥于义务献血，未能体现《献血法》倡导的自愿无偿献血的理念，有的地方还存在依靠下达献血计划、完成指标开展献血工作；二是2015年重庆市献血工作领导小组取消后，全市献血工作缺乏统一领导，跨区县采供血工作协调难度大；三是一些具体制度设计不具体、操作性不强。因此，有必要通过修法，从根本上解决这些问题。

四、《条例》修订的主要目的

（一）保证医疗临床用血需要和安全。血液具有重要的生理意义，医疗临床用血在临床治疗和战备中都起着重要作用。现阶段，重庆市医疗临床用血主要靠公民献血来解决。2018年，本市18家采供血机构共采集血液109吨，545 315单位，基本保证了本市临床用血需求。但是，重庆市整体还是一个临床用血相对紧张的城市，近年来，全市平均献血率仅为11‰，基本达到10‰的全国平均水平，与世界卫生组织提出的10‰～30‰的要求差距较大，季节性、地区性临床用血紧张的情况时有发生。所以，通过立法巩固无偿献血制度，促进无偿献血事业的发展，保证医疗临床用血的需要和安全，是本市血液事业发展的当务之急。

（二）保障献血者和用血者的身体健康。采供血工作专业性较强，涉及献血、采血、输血、受血等多个环节，与医疗安全及献血者、用血者安全息息相关。因此，本次立法注重对采供血工作全流程进行科学化、规范化管理，最大限度避免“窗口期”感染，确保血液安全，减少和避免经血液传播疾病，保障人民群众身体健康。

（三）发扬人道主义精神。实现无偿献血制度，不仅是一种“我为人人、人人为我”的社会共济行为，更是人道主义精神和社会主义核心价值观的具体体现。科学研究表明，平均每个成年人有4 000 ~5 000 毫升血液，其中，85%左右在血液循环系统内流动，20%左右在体内贮存用于补充，采集少量血液不会影响身体健康。此次《条例》修订着重从制度设计上倡导每个公民都应当积极参与无偿献血，弘扬中华民族团结、友爱、互助的传统美德和“血浓于水”的友爱温情。

（四）推动和规范本市献血工作。近年来，重庆市献血工作取得了长足进步，但仍然存在一些问题亟须解决。比如，采供血机构的血液采集与供应不平衡；采供血机构的财政供给与服务区域不对称；季节性、地区性临床用血紧张情况时有发生；多部门协作、社会广泛参与的工作格局尚未形成；全市联网的血液信息管理系统还未建立，尚未建立全市统一的血液调配与联动机制，等等。因此，本次修法坚持“问题导向”原则，着重解决重庆市采供血工作面临的突出问题，彰显重庆地方立法特色。

第二条　本市行政区域内的献血、采血、供血、用血及其相关管理活动，适用本条例。

【释义】本条是关于《条例》适用范围的规定。

一、本条参考原卫生部《血站管理办法》（卫生部令第44号）、《献血者健康检查要求》（GB 18467—2011）等制定。

二、根据献血工作的特点及流程，《条例》将献血工作分为献血、采血、供血及用血四个重要环节，并根据《献血法》和国家、本市有关规定，有针对性地加强每个环节的规范和管理。

三、本条明确了《条例》的适用范围，包括以下三个部分。一是空间效力（地域范围），是“本市行政区域内”，即重庆市行政区域内。二是对人的效力。这里的“人”，是指《条例》所调整的法律关系主体，即在重庆市行政区域内开展献血、采血、供血、用血及其相关管理活动的相关单位和个人。三是对行为的效力。《条例》所调整的行为包括两个方面，即献血工作过程中的献血、采血、供血、用血及其相关管理活动。

第三条　本市依法实行无偿献血制度。

提倡十八周岁至五十五周岁的健康公民自愿献血；既往无献血反应、符合献血健康检查要求的多次献血者主动要求再次献血的，年龄可以延长至六十周岁。

鼓励国家工作人员、现役军人、医务人员、教职工以及高等学校在校学生率先献血。

鼓励稀有血型的公民积极献血。

【释义】本条是关于无偿献血制度和无偿献血主体的规定。

一、本条根据《献血法》第二条、第七条，《献血者健康检查要求》（GB 18467—2011）等制定。

二、《献血法》第二条规定："国家实行无偿献血制度。国家提倡十八周岁至五十五周岁的健康公民自愿献血。"《献血者健康检查要求》（GB 18467—2011）7.1.1："年龄：国家提倡献血年龄为十八周岁至五十五周岁；既往无献血反应、符合健康检查要求的多次献血者主动要求再次献血的，年龄可以延长至六十周岁。"本条第二款规定了一般情况下及特殊情况下献血者年龄的规定。一般情况下，献血年龄与上位法规定一致；特殊情况下，献血者年龄按照《献血者健康检查要求》（GB 18467—2011）进行调整。

三、《献血法》第七条规定："国家鼓励国家工作人员、现役军人和高等学校在校学生率先献血，为树立社会新风尚作表率。"本条第三款在此基础上增加了医务人员、教职工，这是因为医务人员、教职工献血有着较好的带头示范效应，有利于推动《条例》顺利实施。

四、本条第四款对鼓励稀有血型公民献血作了规定。关于稀有血型，社会上一般认为是指 Rh 阴性血型，俗称"熊猫血"。实际上，稀有血型指的是一种少见或罕见的血型，如某一血型在人群中所占比例非常小，输血时难以找到配合血液的血型都属于稀有血型。稀有血型既存在于 ABO 血型系统中，也存在于 Rh、Lewis、Diego、P 等血型系统中（例如孟买血型国内仅有 30 例报道，P 表象血型全国登记在册的仅 9 例，A3 亚型仅发现 1 例）。因为稀少，如果这类人群不主动献血，血站或者医疗机构就无法提供合适的血液，亟须此种血型的患者就会丧失救治甚至存活的机会。因此，《条例》鼓励稀有血型者在自己身体允许的情况下定期到血站去献血，旨在为拥有相同稀有血型的人乃至自己留下一个希望。

第四条　市、区县（自治县）人民政府应当加强对献血工作的领导，建立献血工作责任制，组织制定本行政区域的献血工作规划，全额保障献血工作所需经费。

市人民政府应当建立献血工作协调机制，组织市级有关部门共同做好献血工作，协调跨区县（自治县）的采供血工作，定期研究献血工作中的重大问题。

区县（自治县）人民政府应当建立献血工作协调机制，组织区县（自治县）有关部门共同做好献血工作，定期研究献血工作中的重大问题。

【释义】本条是关于市、区县（自治县）政府职责的规定。

一、本条根据《献血法》第三条制定。

二、《献血法》第三条规定："地方各级人民政府领导本行政区域内的献血工作，统一规划并负责组织、协调有关部门共同做好献血工作。"本条对各级政府在献血工作中的责任进行了细化与强调。

三、本条第一款是关于市和区县（自治县）政府的职责，并将其职责定义为三个层次：一是明确献血工作责任制；二是组织制定本行政区域的献血工作规划；三是全额保障采供血工作所需经费。需要说明的是，这里所说的全额保障献血工作所需经费不仅指保障编制内人员经费，而且包括保障当地血站正常运行所需要的工作经费。目前，重庆市共有 18 个采供血机构，除市血液中心由市级财政予以保障外，其余 17 个采供血机构均由当地财政予以保障，但有的血站服务区域并不限于所在区县。因此，各级血站都存在聘用编外人员保障日益增长的临床用血需求的问题，供需矛盾以及保障矛盾都非常突出。

四、本条第二款规定了市人民政府应当建立献血工作协调机制。为了切实解决调研中各级采供血机构提出的问题，《条例》探索建立了献血工作协调机制，要求市政府牵头，相关部门、区县参与，定期研究本市采供血工作面临的突出问题，解决血站保障、献血者招募、固定（临时）采血点设置、血液供应紧张等重点问题。

五、本条第三款，强调区县（自治县）人民政府应当建立献血工作协调机制，强调区县（自治县）政府牵头，相关部门、镇街、商圈管委会等主体参与，共同研究本地区采供血工作面临的突出问题，推动本地区采供血工作的发展。

本条拟通过上述三款制度设计，建立市和区县（自治县）两级联动的献血工作协调机制，着力解决2015年本市献血办公室撤销后，全市缺乏对献血工作的统一领导，部门之间协作不够，无偿献血工作主要以血站及卫生计生行政部门单兵作战为主，跨区域采血、运血、用血不够顺利等诸多问题。

第五条　市、区县（自治县）卫生计生行政部门是本行政区域内献血工作的主管部门，负责制定献血工作计划，推动、指导和监督管理本行政区域内的献血工作。

发展改革、财政、教育、科技、交通、公安、城乡规划、城市管理、文化等部门，工会、共青团、妇联、科协等群团组织按照各自职责共同做好献血工作。

红十字会依法参与、推动献血工作。

【释义】本条是关于无偿献血工作相关行政管理部门权限的规定。

一、本条立法根据《献血法》第四条、《中华人民共和国红十字会法》第三章第十一条，参考《关于进一步加强无偿献血工作的通知》（卫医政发〔2011〕46号）和本市相关规范性文件制定。

二、《献血法》第四条规定："县级以上各级人民政府卫生行政部门监督管理献血工作。各级红十字会依法参与、推动献血工作。"《中华人民共和国红十字会法》第三章第十一条第三款，对红十字会履行的职责作了规定，即"（三）参与、推动无偿献血、遗体和人体器官捐献工作，参与开展造血干细胞捐献的相关工作"。《关于进一步加强无偿献血工作的通知》（卫医政发〔2011〕46号）规定："各级卫生行政部门、红十字会和军队有关单位要充分认识做好无偿献血工作的重要性和紧迫性，协助当地党委、政府认真贯彻落实《献血法》和《通知》的要求，统一规划、组织协调本行政区域的无偿献血工作，从加强社会管理和关注民生的高度，把组织领导无偿献血工作纳入经济社会发展的全局，列入政府议事日程；要定期、主动向当地党委、政府汇报无偿献血工作，争取党委、政府从精神文明建设、宣传组织、社会动员、经费投入、人员配置、采血网点布局等多方面支持无偿献血工作，不断完善政府主导、多部门协作、社会共同参与的无偿献血工作发展长效机制。"

三、本条第一款按照重庆市政府部门的职能职责划分，明确了市、区县（自治县）卫生计生行政部门是在献血监督管理工作的纵向级别管辖权，并明确相关职责。

四、本条第二款对其他部门在献血工作中的职责的横向规定。无偿献血关系到全体公民，涉及面广，不仅是各级卫生计生行政部门的职责，也是政府各相关部门的共同职责，需要在各级政府统一规划、组织下，按照部门职责分工，加强协调配合，共同推进。本款重点列举了发展改革、财政、教育、科技、交通、公安、城乡规划、城市管理、文化等部门。

五、本条第三款对工会、共青团、妇联、科协等群团组织职责的规定。无偿献血工作需要全社会共同参与。工会、共青团、妇联、科协等群团组织在精神文明建设、宣传组织、社会动员方面具有重要作用，因此《条例》明确规定这些群团组织，按照各自职责，充分发挥桥梁纽带作用，团结带领各自联系的社会群体，共同做好献血工作。

第六条　血站是不以营利为目的，负责采集、提供临床用血的公益性卫生机构。

血站的设立和管理按照国家和本市的规定执行。

任何机构和个人不得非法采集、提供临床用血。

【释义】本条是关于血站的性质、设立批准、管理部门的规定以及不得非法采供血的禁止性规定。

一、本条立法根据《献血法》第八条，参考《血站管理办法》（卫生部令第44号）等相关规定制定。

二、《献血法》第八条规定："血站是采集、提供临床用血的机构，是不以营利为目的的公益性组织。设立血站向公民采集血液，必须经国务院卫生行政部门或者省、自治区、直辖市人民政府卫生行政部门批准。血站应当为献血者提供各种安全、卫生、便利的条件。血站的设立条件和管理办法由国务院卫生行政部门制定。"《血站管理办法》（卫生部令第44号）第二条规定："血站是指不以营利为目的，采集、提供临床用血的公益性卫生机构。"第四条规定："血站由地方人民政府设立，其建设和发展纳入当地国民经济和社会发展计划。”第六条规定：“卫生部主管全国血站的监督管理工作。县级以上地方人民政府卫生行政部门负责本行政区域内血站的监督管理工作。”

三、本条第一款明确了血站的业务范围和机构性质。第二款是关于血站设立和管理的规定。鉴于国家对血站的设立条件、标准以及管理都作了细致的规定，《条例》为避免立法重复，对血站的设立和管理仅进行了原则规定。目前，本市已依法设立1个血液中心、6个中心血站和11个中心血库。

四、为了确保采血用血安全，相关法律规定，临床用血的采集和供应只能由血站进行；但在紧急状态下，医疗机构可以临时采集血液。但是，根据法律规定医疗机构临时紧急采血时必须符合下列条件：（一）危及患者生命，急需输血；（二）所在地血站无法及时提供血液，且无法及时从其他医疗机构调剂血液，而其他医疗措施不能替代输血治疗；（三）具备开展交叉配血及乙型肝炎病毒表面抗原、丙型肝炎病毒抗体、艾滋病病毒抗体和梅毒螺旋体抗体的检测能力；（四）遵守采供血相关操作规程和技术标准。

同时医疗机构应当在临时采集血液后10日内将情况报告县级以上人民政府卫生行政部门。

第七条　鼓励公民加入献血志愿服务组织，参加献血志愿服务。国家机关、社会团体、企业事业单位以及其他组织和个人应当支持献血志愿服务活动。

鼓励公民、法人和其他组织对献血公益事业进行捐赠。

【释义】本条是关于无偿献血志愿工作和捐赠无偿献血事业的规定。

一、本条立法根据《中华人民共和国公益事业捐赠法》第八条、《志愿服务条例》（国务院令第685号），参考《关于成立中国红十字无偿献血志愿服务总队的决定》(红办字〔2009〕49号）等规定制定。

二、《志愿服务条例》（国务院令第685号）第一条规定："为了保障志愿者、志愿服务组织、志愿服务对象的合法权益，鼓励和规范志愿服务，发展志愿服务事业，培育和践行社会主义核心价值观，促进社会文明进步，制定本条例。"第三条规定："开展志愿服务，应当遵循自愿、无偿、平等、诚信、合法的原则，不得违背社会公德、损害社会公共利益和他人合法权益，不得危害国家安全。"《关于成立中国红十字无偿献血志愿服务总队的决定》（红办字〔2009〕49号）规定："为更好地履行《中华人民共和国红十字会法》和《献血法》赋予红十字会的职责，推动我国无偿献血事业的健康发展，依据《中国红十字志愿服务管理办法》的规定，经总会研究决定，在深圳市红十字会无偿献血志愿工作者服务队的基础上，成立中国红十字无偿献血志愿服务总队。志愿服务总队在总会指导下，面向全国开展无偿献血志愿服务工作，逐渐在全国发展成立志愿服务分队，建立中国红十字无偿献血志愿服务网络，努力为我国无偿献血事业的发展做出积极贡献。"

成立献血志愿服务组织，是一项既符合法治精神，也有利于充分发挥社会力量对无偿献血的积极作用、推动无偿献血事业健康持续发展的工作。2017年3月18日，经重庆市青年志愿者协会批准，重庆市血液中心成立了献血志愿服务总队和永川、北碚分队，成员由多次献血者、成分献血者和热心无偿献血事业的社会各界爱心人士组成，按照一定程序，自愿奉献个人的时间和精力，在不为任何报酬的前提下，为无偿献血工作提供志愿服务，其行为表现为志愿性、无偿性、公益性和组织性，开启了重庆市献血志愿服务工作的崭新局面。截至 2018 年底，献血志愿服务总队注册志愿者人数已有 1 252 名。因此，本条第一款对这一制度进行了固化。

三、《中华人民共和国公益事业捐赠法》第八条第二款规定："国家鼓励自然人、法人或者其他组织对公益事业进行捐赠。"因此，本条第二款对献血公益事业捐赠作出了鼓励规定。

第八条　市、区县（自治县）人民政府和红十字会根据献血者的献血次数、献血志愿工作等情况，对在献血工作中做出突出贡献的单位、个人给予表彰和奖励。

本市对获得国家无偿献血表彰奖励的献血者给予特别激励，具体办法由市人民政府另行制定。

【释义】本条是对献血工作中表现突出的单位和个人予以奖励的规定。

一、本条立法根据《献血法》第十七条，参考原国家卫生计生委、中国红十字会总会、总后勤部卫生部《关于印发〔全国无偿献血表彰奖励办法（2014 年修订）〕的通知》（国卫医发〔2014〕30 号）等规定制定。

二、《献血法》第十七条规定："各级人民政府和红十字会对积极参加献血和在献血工作中做出显著成绩的单位和个人，给予奖励。"《全国无偿献血表彰奖励办法》第二条规定："无偿献血表彰奖励是指对无偿献血事业作出显著成绩和贡献的个人、集体、省（市）和部队，依据本规定给予的奖励。"第五条规定："无偿献血表彰奖项分为'无偿献血奉献奖'、'无偿献血促进奖’、‘无偿献血志愿服务奖’、‘无偿献血先进省（市）奖’、‘无偿献血先进部队奖’和‘无偿捐献造血干细胞奖’。”第六条规定：“无偿献血奉献奖，用以奖励多次自愿无偿献血者。其奖项和获奖标准为：（一）铜奖，自愿无偿献血达20次以上的献血者；（二）银奖，自愿无偿献血达30次以上的献血者；（三）金奖，自愿无偿献血达40次以上的献血者。”

三、对在献血工作中做出显著成绩的单位和个人予以奖励，可以激励全社会健康适龄公民积极参与无偿献血活动，发扬人道主义精神，推动本市无偿献血事业的进一步发展。因此，本条第一款重申了上位法的奖励措施规定，明确规定政府和红十字会应当对献血工作中表现突出的单位和个人给予表彰奖励。本条第二款，还增设了市政府对本市获得国家无偿献血奖励表彰的献血者制定特别激励措施。

第二章　宣传和动员

本章共七条，主要内容包括：政府有关职能部门的献血宣传职责；血站、医疗机构和医务人员、新闻媒体、公共场所等社会各方献血宣传职责和义务；国家机关、企事业单位组织动员献血和支持员工献血的规定；确立本市献血宣传周；建立临床用血应急保障机制等。

本章创设了血站开放日、献血宣传周、应急用血保障机制等内容。

第九条　市、区县（自治县）卫生计生行政部门应当采取措施广泛宣传献血的意义，普及献血的科学知识，开展预防和控制经血液途径传播疾病的教育，制定献血工作年度宣传计划，指导协调有关单位和部门开展献血宣传。

各相关部门按照下列职责分工，做好献血宣传工作：

（一）教育行政部门应当将献血知识纳入学校健康教育范围，指导学校开展献血宣传教育；

（二）司法行政部门应当将献血法律法规纳入法治宣传教育内容；

（三）交通、城市管理等行政部门应当按照户外公益广告

管理规定，支持户外献血公益广告工作；

（四）科技行政部门应当将献血科学知识纳入科普宣传内容，组织开展经常性的献血科普活动。

工会、共青团、妇联、红十字会、科协等群团组织，应当积极参与、推动献血宣传工作。

乡（镇）人民政府、街道办事处，村（居）民委员会应当配合相关部门和机构开展献血宣传活动。

【释义】本条是献血宣传工作的规定。

一、本条根据《献血法》第五条等相关规定制定。

二、《献血法》第五条规定："各级人民政府采取措施广泛宣传献血的意义，普及献血的科学知识，开展预防和控制经血液途径传播的疾病的教育。"近年来，随着本市经济社会发展特别是医疗卫生事业快速发展，群众健康意识日益增强，医疗临床用血需求量不断增大，对用血安全性、便利性要求越来越高。与此同时，本市市民对献血知识了解不够，主动献血的氛围不浓，血液供需矛盾日益凸显。

本条立法结合本市献血工作实际，明确了卫生计生、教育、司法、交通、城市管理、科技等政府职能部门，工会、共青团、妇联、红十字会、科协等群团组织，乡（镇）人民政府、街道办事处，村（居）民委员会等宣传主体的职责。旨在通过相关单位各司其职积极宣传，使更多人了解献血的科学知识，增强本市市民献血的自觉性。

三、本条第一款明确了各级卫生计生行政部门职责。要求各级卫生计生行政部门充分发挥主管部门的作用，统筹协调、有序推进献血工作，按照政府献血工作规划，制定年度工作计划；加强对有关单位和部门的协调和指导，推动规划和计划的实施。需要说明的是，此条所说的计划指的是工作计划。

四、本条第二款列举了献血工作涉及的主要部门职责，包括：

（一）各级教育行政部门。其职责主要包括：一是将无偿献血知识纳入学校健康教育范畴，重点是加强中小学的相关教育。通过将血液生理常识和献血知识纳入中小学教学内容，使中小学生从小就懂得科学合理献血无损健康，培养他们献血助人的美德。二是加大对学校开展献血宣传教育的指导，重点是加强对高校的相关指导。从近年来献血工作实践看，高校学生群体是无偿献血的重要团体，尤其是在街头公民自愿献血尚未能完全满足医疗需要的情形下，高校学生群体往往能发挥重要辅助作用。

（二）各级司法行政部门。其职责是要将《献血法》《重庆市献血条例》等法律法规，纳入年度法治宣传教育内容中。统筹推进全市各级政府及其相关部门开展多层次、多角度、多形式相关法治宣传教育活动，尤其是大力宣传献血者享有的权利、隐私保护、血液安全等相关规定，增强全社会的献血法治意识。

（三）交通、城市管理等行政部门。街头公益广告是宣传无偿献血、营造良好社会氛围的重要阵地。交通、城市管理等相关主管部门，依法按照公益广告的相关规定，支持献血公益广告工作。

交通主管部门应将无偿献血公益广告纳入公路建筑控制区范围内户外广告设置规划，同时加强对规划范围内户外广告设置的监督管理。此外，在合理位置设置固定献血站（点）的指示牌，便于群众献血。

城市管理部门应将无偿献血公益广告纳入城市规划区范围内户外广告设置规划，加强对规划范围内户外广告设置的监督管理，对规划内无偿献血公益户外广告设置提供必要的条件和便利。

（四）科技行政部门。普及献血的科学知识、提高公民科学素养，是促进公民科学认识献血，推动公民自愿献血的重要基础。科技行政部门依法应当将献血科学知识纳入科普宣传内容，组织开展经常性的献血科普活动。

五、本条第三款规定工会、共青团、妇联、红十字会、科协等群团组织，应当充分发挥自身优势，结合自身特点根据相关献血宣传计划，依法积极参与，形成合力共同推动献血宣传。

六、本条第四款界定的是乡（镇）人民政府、街道办事处，村（居）民委员会职责。这些单位与公众接触最为直接，是献血宣传的重要阵地，本款对于他们作出了明确的义务性规定，即在献血宣传中，上述单位在本辖区范围内，应当依法配合相关部门和机构开展献血宣传活动。

第十条　血站应当按照献血工作年度计划实施献血宣传工作，对有关单位、献血志愿服务组织开展的献血工作给予业务指导。

血站应当设立开放日，向社会公众宣传血液采集、制备、检测、存储、供应等基本知识。

【释义】本条是血站献血宣传工作和血站开放日的规定。

一、本条规定参考《血站管理办法》（卫生部令第44号）、《卫生部关于加强血站信息公开工作的通知》（卫医政发〔2012〕37号）等规定制定。

二、《血站管理办法》（卫生部令第 44 号）第二章第二节第二十一条规定："血站应当开展无偿献血宣传。"《卫生部关于加强血站信息公开工作的通知》（卫医政发〔2012〕37 号）四（二）规定："各级卫生行政部门和各血站要以加强信息公开工作为契机，将血站信息公开和无偿献血宣传与服务工作紧密结合，及时回应社会关切，加强对公众无偿献血知识的宣传，增强服务意识，优化采供血服务流程，不断提高对献血者和医院的服务质量，努力推动无偿献血工作健康、可持续发展。"

三、血站作为公益性卫生机构，在献血工作中地位特殊，依法负有开展无偿献血宣传的职责。原《条例》主要强调血站的采供血职能，本次修订同时强调了血站的宣传动员职责。本条第一款强调血站应当利用工作便利和专业优势，在工作中要按照献血工作年度计划进行无偿献血工作宣传，同时指导相关部门开展无偿献血宣传工作。

四、本条第二款是血站设立开放日的规定。血站设立开放日，可以将血站信息公开工作和宣传无偿献血工作紧密结合。通过让广大市民身临其境地了解血站的运行，向社会公众宣传普及血液采集、制备、检测、存储、供应等基本知识，消除市民对自愿献血工作的误解，推动无偿献血工作的顺利开展。

第十一条　医疗机构应当通过官方网站、宣传栏、宣传资料等途径宣传献血科学知识、献血者权利义务。

为保障公民临床用血的需要，医务人员应当告知患者无偿献血、免费用血的规定和医学知识，指导择期手术的患者自身储血或者患者家庭成员献血。

【释义】 本条是医疗机构及医务人员在献血宣传工作的规定。

一、本条规定为创设性条款。

二、基于医疗机构和医务人员的医学知识优势和直接面对广大用血者的工作优势，本条创设了医疗机构和医务人员宣传献血的法定义务。第一款是关于医疗机构宣传自愿无偿献血的义务性规定。医疗机构可以在其官方网站、微信公众号、院内宣传栏、诊区等候区等处，通过推送相关信息、发放献血相关资料向公众广泛宣传自愿无偿献血科学知识。

三、本条第二款是关于医务人员宣传自愿无偿献血的义务性规定。医务人员可以通过以下形式履行该项法定义务：一是向接触的患者及其家属普及无偿献血知识。实践中，大多数患者在临床用血时并不了解自愿献血知识和用血相关政策，这不利于推动患者及其家属参与无偿献血。二是指导择期手术的患者自身储血或者患者家庭成员献血。在当前无偿献血供需矛盾仍存在的情形下，通过宣传和指导择期手术患者自身储血或者患者家庭成员献血，有利于最大限度保障患者用血，同时也促进本市无偿献血工作。

第十二条　报刊、广播、电视、网络等新闻媒体应当每年有计划地开展献血公益宣传，免费刊播献血公益广告，普及献血科学知识，宣传献血先进事迹、典型人物。

车站、机场、码头、广场、公园、影剧院、商场等公共场所，公共交通工具的运营单位，应当通过其设置或者管理的广告牌、宣传栏、公共视听载体等设施，免费开展献血公益性宣传。

【释义】本条是新闻媒体、车站等公共场所、公共交通等运营单位献血宣传工作的规定。

一、本条规定根据《献血法》第五条等相关规定创设。

二、《献血法》第五条规定："各级人民政府采取措施广泛宣传献血的意义，普及献血的科学知识，开展预防和控制经血液途径传播疾病的教育。新闻媒介应当开展献血的社会公益性宣传。"新闻媒体是广泛开展社会宣传的"主力军"，车站、机场等公共场所、公共交通工具的运营单位都是人流量较大的场所和单位，都是向社会公众广泛宣传无偿献血的阵地。因此，本条分两款对上述单位的宣传职责进行了明确而具体的规定。

三、本条第一款是关于新闻媒体宣传无偿献血的规定。报刊、广播、电视、网络新闻媒体应当履行其宣传公益事业的法定职责，围绕普及献血科学知识，宣传献血先进事迹、典型人物等内容开展无偿献血工作。重点注意以下内容：一是制定宣传计划。以年度为单位，围绕主题制订计划，着重在献血宣传周、世界献血者日等重要时间节点有序开展系列宣传报道。二是免费刊播献血公益广告。献血工作属于公益事业，新闻媒体作为社会一员应当切实承担相应社会责任，免费刊播献血公益广告是履行社会责任的具体体现。

四、本条第二款关于车站、机场、码头、广场、公园、影剧院、商场等公共场所和公共交通工具的运营单位宣传无偿献血的规定。本款立法对公共场所、公共交通工具运营单位的宣传义务作出明确规定，要求上述单位通过其设置或者管理的广告牌、宣传栏、公共视听载体等设施，定期或有计划地免费开展献血公益性宣传。

第十三条　每年六月的第三周为本市献血宣传周。

【释义】本条是关于设立本市献血宣传周的规定。

一、本条根据《献血法》第五条等相关规定制定。

二、《献血法》第五条规定："各级人民政府采取措施广泛宣传献血的意义，普及献血的科学知识，开展预防和控制经血液途径传播疾病的教育。新闻媒介应当开展献血的社会公益性宣传。"

三、《献血法》没有献血周的明确规定。实践中，为了进一步营造无偿献血氛围，使献血宣传落到实处，以唤起社会各界对无偿献血工作的关注，有些省市已经开始设立宣传月、宣传周、宣传日。如江苏省将每年五月十日作为全省无偿献血宣传日，太原市将每年一月和八月作为本市无偿献血宣传活动月。《条例》制定中考虑到如果设立宣传月，时间跨度长且六月正值重庆夏日高温，不利于形成集中宣传声势；如果设立宣传日，时间太短难以形成宣传氛围，因此，经综合考虑创设了献血周。鉴于六月十四日为世界献血者日，一般情况下十四日是当月第三周内，将一天的宣传扩充到一周，通过集中投放无偿献血公益广告、表彰奖励先进事迹或人物、广泛招募志愿者、发动献血等工作，在全社会持续掀起宣传高潮，推进本市形成无偿献血良好社会氛围。

第十四条　国家机关、企业事业单位、群团组织、村（居）民委员会应当每年至少动员和组织一次献血活动，动员本单位或者本居住区符合献血条件的公民参加献血，并为献血者提供便利。

【释义】本条是关于国家机关、企业事业单位、群团组织、村（居）民委员会献血动员的规定。

一、本条规定根据《献血法》第六条等相关规定制定。

二、《献血法》第六条规定："国家机关、军队、社会团体、企业事业组织、居民委员会、村民委员会，应当动员和组织本单位或者本居住区的适龄公民参加献血。"

三、单位动员是献血宣传的重要方式之一。国家机关、企业事业单位、群团组织、村（居）民委员会依法负有动员职责。为进一步贯彻《献血法》的相关规定，本条对上述单位履职作了进一步细化，并提出以下要求：一是每一年度至少履职一次。即国家机关、企业事业单位、群团组织、村（居）民委员会每年至少开展一次动员活动。二是为献血者提供便利。对于本单位、本辖区有意愿献血的公民，上述单位应当提供必要的便利。这里的便利主要包括人员组织、车辆提供、工作时间调整等。此外，为提升献血实效，相关单位也可与当地采供血机构建立沟通机制，根据医疗机构临床用血状况，适时开展动员。

第十五条　市、区县（自治县）人民政府应当建立临床用血应急保障机制，制定临床用血应急预案。

发生临床用血供应紧张、突发事件需要应急用血，或者因可预见的重大事件需要紧急备血时，应当按照预案要求分级发布预警信息，启动应急响应措施。

发生前款规定情形时，市、区县（自治县）人民政府应当组织国家机关、企业事业单位、群团组织动员本单位适龄健康公民自愿献血。

【释义】本条是建立临床用血应急保障机制、在紧急情况下组织动员应急献血的规定。

一、本条规定根据《献血法》第三条等相关规定制定。

二、《献血法》第三条规定："地方各级人民政府领导本行政区域内的献血工作，统一规划并负责组织、协调有关部门共同做好献血工作。"第六条规定："国家机关、军队、社会团体、企业事业组织、居民委员会、村民委员会，应当动员和组织本单位和本居民区的适龄公民参加献血。现役军人献血的动员和组织办法，由中国人民解放军卫生主管部门制定。对献血者，发给国务院卫生行政部门制作的无偿献血证书，有关单位可以给予适当补贴。"用血应急机制是保障紧急状况下医疗临床用血供给的重要手段。近年来，随着医疗卫生事业发展，本市医疗临床用血需求量不断增大，季节性、地区性临床用血紧张情况时有发生，预警和应急能力较弱。为了更有效缓解紧急情况下医疗临床用血供需矛盾，《条例》建立了应急保障机制。

三、本条第一款是关于临床用血应急保障机制建立主体及主要职责的规定。市、区县（自治县）人民政府是本市无偿献血工作的管理主体，因此也是组织动员应急献血的责任主体。鉴于无偿献血涉及面广，仅靠卫生计生行政部门应急难以实现有效应对，需由政府统一组织协调。因此，《条例》要求市、区县（自治县）人民政府应当尽快建立完善相关机制，制定临床用血应急预案，并适时开展演练，以备不时之需。

四、本条第二款是关于启动临床用血应急保障机制的法定条件。《条例》明确三种情形可以启动：一是发生临床用血供应紧张时。如本市夏季较长，且高温天气常持续较长时间，实践中该极端天气常严重影响街头公民无偿献血的采集数量，造成医疗临床用血缺口较大。二是突发事件需要应急用血。如发生地震等突发事件需要大量临床用血的情形。三是因可预见的重大事件需要紧急备血。如保障重要体育赛事活动、重大社会活动需要等。

五、当发生本条第二款三种情形，需要按照临床用血应急保障应急预案及时启动分级响应时，相关国家机关、企业事业单位、群团组织应当及时动员组织本单位适龄健康公民自愿献血。有关部门、单位也可以建立本单位献血应急名库，紧急情况立即动员名库人员献血，这样有利于提高响应速度和效率。

第三章　献血和采血

本章共九条，主要包括公民参加献血的方式、基本要求、基本权利，血站采集血液的技术要求、服务要求、保护献血者隐私的伦理要求，献血屋的规划、设置，采血车的停放，对献血者、用血者关爱救助，禁止血液买卖等规定。其中，设立献血屋制度、采血点的设置和采血车的停放、献血者和无过错用血感染者的关爱与救济，结合重庆实际作出了更为细致的规定，以进一步促进本市献血工作发展。

第十六条　公民可以参加所在单位或者村（居）民委员会组织的献血，也可以直接到血站或者血站设置的献血屋、流动采血车献血。

公民所在单位、村（居）民委员会组织的献血人数较多时，血站应当提供预约上门采血服务。

【释义】本条是对公民个人或团体参加献血的方式和血站对团体献血提供上门服务的规定。

一、本条根据《献血法》，参考《献血场所配置要求》（WS/T 401—2012）等相关规定制定。

二、公民参加无偿献血，应当在血站开设的献血场所进行。

《献血场所配置要求》（WS/T 401—2012）3.1 规定：献血场所是为献血者提供献血前健康征询、健康检查和血液采集等献血服务的场所。献血场所分为固定献血场所、临时献血场所和献血车三种类型。固定献血场所是指设立在建筑物内部的专用献血场所，包括血站住所内的献血室和血站住所外的献血屋；临时献血场所是指在机关、企事业单位和社会团体等的住所内临时设立的献血场所，一般选择具备条件的单位会议室、运动场馆等；献血车是指提供车上献血服务的专业车辆。公民个人参加献血时，可以就近选择血站公布的献血场所献血。

三、为方便献血者参加集体预约献血，节约时间，享受更方便快捷的服务，不影响献血者工作和学习，如果公民所在单位或村（居）民委员会组织辖区内公民集体预约参加献血，血站应当根据具体情况，依据前期预约登记的人数、献血的地点和时间，开展团体献血上门服务。

第十七条　公民献血时，应当出示居民身份证或者其他有效身份证明，如实填写健康状况征询表并接受血站免费提供的献血健康检查。禁止冒用他人名义或者雇佣他人献血。

血站应当通过发放宣传资料或者口头告知等方式，让献血者了解献血注意事项、献血者享有的权利等。

经检查，公民符合献血条件的，血站应当在采血后向其发放无偿献血证；公民不符合献血条件的，血站应当向其说明情况，不得采集血液；公民在献血后经检测血液不合格的，血站应当自采集血液之日起十个工作日内将检测结果告知献血者。

任何单位和个人不得要求献血者证明其所献血液的安全性。

【释义】本条是关于公民实名制献血和血站告知和检测义

务的规定。

一、本条根据《献血法》、《献血者健康检查要求》(GB 18467—2011)，参考《血站管理办法》（卫生部令第44号)、《血站技术操作规程》(2019版）等规定制定。

二、《血站管理办法》（卫生部令第44号）第二章第二节第二十三条规定：“献血者应当按照要求出示真实的身份证明。”《献血者健康检查要求》(GB 18467—2011) 5.2.4规定：“献血者应当实名制献血，献血者在献血前应出示真实有效的身份证件，血站应进行核对并登记。以上的要求是为了防止冒名顶替献血，切断不法人员通过用假身份献血非法获利的渠道。”《血站技术操作规程》(2019版）1.2规定：“有效身份证件包括：居民身份证、军（警）官证、士兵证、港澳通行证和台胞证以及驾驶证等。”

三、本条第一款对实名制献血原则进行了规定。献血者献血应当使用本人有效身份证明，血站也应当采用核实身份材料、面部核对、问询出生日期和地址等核验是否为献血者本人，通过查询献血者既往献血情况或通过信息联网方式获取献血者是否属于不适宜献血人员。同时，本款对冒用他人名义或者雇佣他人献血的行为作出禁止性规定，此两种行为违背实名献血原则，扰乱献血秩序。雇佣他人献血是指行为人雇佣他人以自己的名义献血。雇佣他人献血的目的是获得无偿献血证。冒用他人名义献血是指行为人献血时出示他人的身份证明，不以自己的名义而以他人的名义献血。违反本款规定冒用他人名义或者雇佣他人献血的，应当按照本《条例》第三十八条承担法律责任。冒用他人居民身份证，可按《中华人民共和国居民身份证法》由公安部门追究其行政法律责任。

四、本条第二款是血站告知义务的规定。血站可以采取张贴发布宣传资料，通过互联网官网、微信公众号等公共平台、当面告知等方式让献血者知晓献血注意事项和享有的权利等内容。

五、本条第三款是关于血站检测义务的原则性规定。《血站技术操作规程》（2019 版）1.9.1 规定："将献血者健康征询、一般检查以及献血前血液检测的结果进行分析和评价，做出献血者是否符合献血条件的判断并签名。"血站在采集血液之前，必须按规定对献血者进行必要的健康检查，并不得收取任何费用。所谓必要的健康检查，就是通过检测血液、征询等手段在短时间内了解献血者的血液和身体健康状况的必要信息，不等同于到医疗保健机构去进行全面的体检。

本款还同时规定了公民献血后血站发放《无偿献血证》和告知检测结果。无偿献血证书既是献血者的荣誉证书，又是享受法定优惠的主要凭证，符合条件的公民献血后，血站应当发放经国务院卫生行政部门制作的无偿献血证书。对不符合献血条件的，比如献血未达到规定的年龄或体重等，或者献血者过去曾患过某传染性疾病，血站工作人员不得采集血液，但应当向献血者耐心解释。公民献血后血液检测的结果，血站应当自采集血液起十个工作日内告知献血者。告知方式可采用语音电话、血站官网、微信平台查询或短信告知等形式。血液检测不合格时，仅表明献血者捐献的血液不符合国家血液标准的要求，不作为感染或疾病的诊断依据。

六、本条第四款关于献血者个人隐私保护的规定。《献血者健康检查要求》（GB 18467—2011）5.2.5 规定："献血者如果认为已捐献的血液可能存在安全隐患，应当尽快告知血站。

血站应当提供联系电话。”这样规定是为了确保血液质量，防止输血传播疾病的发生，保护受血者的健康，同时保护献血者个人隐私。献血者如果知道自己的血液不安全，但因各种原因在献血现场未能向医护人员真实告知，献血者可在献血后向血站告知，由血站将其血液按规定进行处理。为保护献血者个人隐私，不仅要求血站不得泄露献血者个人身份、疾病等信息，还要求任何单位和个人不得要求献血者证明其所献血液的安全性。

但献血者个人隐私的保护也不是绝对的。献血者献血前应如实填写健康状况征询表。不真实填写者，因所献血液引发受血者发生不良后果，应按照相关法律规定承担责任。如献血者明知自己具有高危行为，如静脉药瘾史、男男性行为或患有艾滋病、丙型肝炎、乙型肝炎、梅毒等经血传播疾病，故意献血，造成传染病传播、流行的，将按照《中华人民共和国传染病防治法》第七十七条、《艾滋病防治条例》第三十八条和第六十二条规定，依法追究相关行政法律责任，构成犯罪的，依法追究刑事法律责任。

第十八条　血站应当为献血者提供安全、卫生、便利的条件和良好的服务。

血站根据实际情况，可以为献血者发放献血纪念品或者误餐费、交通费。

公民参加献血的，其所在单位应当予以支持，并可以适当给予误餐费、交通费等补贴。

【释义】本条是关于血站为献血者提供服务、发放纪念品和献血者所在单位对其予以相应支持的规定。

一、本条立法根据《献血法》第六条、《献血者健康检查要求》（GB 18467—2011），参考《血站管理办法》（卫生部令第44号）、《血站基本标准》（卫医发〔2000〕448号）、《献血场所配置要求》（WS/T 401—2012）、《血站技术操作规程》（2019版）等规定制定。

二、本条第一款是关于血站应当为献血者提供各种安全、卫生、便利的条件的规定。原卫生部《血站基本标准》和《献血场所配置要求》（WS/T 401—2012）均要求：血站选址应远离污染源；业务工作区域与行政区域应分开；业务工作区域内污染区与非污染区应分开；业务科室的结构布局符合工作流程；人流物流分开；符合卫生学要求；应为献血者提供安全、卫生、便利的休息场所；特殊需要开放分离血液成分的，必须在100级洁净间（台）操作。要求业务部门建筑面积应与年采供血量匹配，能满足其任务和功能的需要；以及对通信、给排水、消防、双路供电或应急发电设施、污水、污物处理及废气排放、运血车、计算机管理设施等也有明确要求。为了避免立法资源浪费，《条例》制定时，没有重复相关立法的规定，实践中对本条规定的安全、卫生、便利的条件，可以参照国家相关规定执行。

空腹献血可能会产生低血糖，往往容易出现虚汗、不适、晕厥等献血反应。因此，血站应当为献血者提供必要的饮水、饮料、食品等令献血者感到更舒适，减少献血反应的发生。同时，血站工作人员对献血者进行一定的心理疏导，也可以减轻献血者的紧张情绪，减少献血反应的发生；使用文明礼貌用语，也可以让献血者感觉到温暖，增进双方理解。同时，血站在献血场所应当配备必要的如遮阳、防暑降温、避雨等设施，提供必要的食品、饮料等，尽可能为献血者提供一个安全、舒适的献血环境。组织团体献血的单位，应向血站提供充足的电力和可供献血者填写献血登记表、征询、快检、献血和休息的工作场所等基础设施，必要时配备志愿服务人员，合理安排献血时间段和控制献血人数，保持献血现场良好的秩序。

三、本条第二款是对血站发放必要的纪念品和交通补助的规定。《条例》倡导的是自愿无偿献血，因此，献血纪念品应多考虑献血的纪念意义和宣传作用，价值不宜过高。

2006 年，《卫生部关于限期停止有偿机采血小板的通知》（卫医发〔2006〕318 号）决定从 2006 年 9 月 30 日起，停止有偿机采血小板的同时，明确了无偿捐献机采血小板者的交通费用应据实报销。机采捐献成分血是指健康公民通过血液分离机捐献血液中的一种成分的无偿献血行为。这种献血方式对献血者的身体条件要求更高，献血的时间一般为 40 分钟到 90 分钟，再加上来回路程，所需时间为 2 ~3 小时；由于技术和设施设备的原因，能够开展机采成分血的献血场所很少，大部分设在血站内的献血室。所以，献血者往来血站的交通费用和献血所耗的时间比捐献全血更长，会对献血者的工作和学习造成一定影响。因此，本款对机采献血者发放误餐费和交通费予以认可，但误餐费和交通费标准，各血站应根据地情，结合献血者实际产生的费用制定。

四、本条第三款是献血者献血后，其所在单位应予支持并可以给予适当补贴的规定。《献血法》第六条第三款规定：“对献血者，发给国务院卫生行政部门制作的无偿献血证书，有关单位可以给予适当补贴。”《中华人民共和国献血法释义》对“适当补贴”原则上界定为少量、必要的误餐、交通费等费用。

本款在“适当补贴”之前冠以“可以”二字，强调的不是必须补贴，同时还要注意到不能背离自愿无偿献血这一制度初衷。

第十九条　血站采集血液应当严格遵守有关操作规程和制度。采血应当由培训合格的医务人员进行，使用符合国家标准的一次性采血器材，用后依法销毁。

血站对献血者每人次采全血、单采血小板等血液成分的采集量和间隔期，应当按照国家标准执行。

为保证应急用血，医疗机构可以临时采集血液，但应当符合国务院卫生计生行政部门临时采集血液的相关规定，确保采血用血安全。

【释义】本条是关于血站采集血液应当遵循的基本原则的规定。

一、本条根据《献血法》第十五条、《献血者健康检查要求》（GB 18467—2011）、《全血成分血质量要求》（GB 18469—2012），参考《血站管理办法》（卫生部令第44号）、《医疗机构临床用血管理办法》（卫生部令第85号）、《血站技术操作规程》（国卫医发〔2015〕95号）、《血站实验室质量管理规范》（卫医发〔2006〕183号）等规定制定。

二、本条第一款是关于血站采集血液应当遵守有关操作规程和制度的规定。目前，我国已经出台了《血站技术操作规程》《血站质量管理规范》《血站实验室质量管理规范》《献血者健康检查要求》《全血成分血质量要求》等操作规程、规范和标准，实践中应当继续沿用已有规定。为了避免立法资源浪费，《条例》没有简单重复相关规定，仅对社会关注度较高的问题进行了重申，比如采血必须由具有采血资格的医务人员进行，采血必须使用一次性采血器材，使用后必须销毁等问题。

三、本条第二款是关于献血者捐献全血、单采血小板等血液成分的采集量和间隔期的规定。《献血者健康检查要求》（GB 18467—2011）规定：全血献血者每次可献全血400毫升，或者300毫升，或者200毫升。单采血小板献血者每次可献1～2个治疗单位，或者1个治疗单位及不超过200毫升血浆。全年血小板和血浆采集总量不超过10升。全血献血间隔不少于6个月。单采血小板献血间隔不少于2周，不大于24次/年。因特殊配型需要，由医生批准，最短间隔时间不少于1周。单采血小板后与全血献血间隔不少于4周。全血献血后与单采血小板献血间隔不少于3个月。

四、本条第三款是关于医疗机构在应急用血时进行采血的规定。《献血法》第十五条第二款规定："为保证应急用血，医疗机构可以临时采集血液，但应当按照本法规定，确保献血用血安全。"因此，医疗机构应急用血时可以临时采集血液，但必须符合法定条件并且履行法定程序。《医疗机构临床用血管理办法》（卫生部令第85号）第二十七条规定："省、自治区、直辖市人民政府卫生行政部门应当加强边远地区医疗机构临床用血保障工作，科学规划和建设中心血库与储血点。医疗机构应当制订应急用血工作预案。为保证应急用血，医疗机构可以临时采集血液，但必须同时符合以下条件：（一）危及患者生命，急需输血；（二）所在地血站无法及时提供血液，且无法及时从其他医疗机构调剂血液，而其他医疗措施不能替代输血治疗；（三）具备开展交叉配血及乙型肝炎病毒表面抗原、丙型肝炎病毒抗体、艾滋病病毒抗体和梅毒螺旋体抗体的检测能力；（四）遵守采供血相关操作规程和技术标准。医疗机构应当在临时采集血液后10日内将情况报告县级以上人民政府卫生行政部门。”

第二十条　市卫生计生行政部门应当会同公安机关、疾控中心等相关单位建立不适宜献血人员信息库，并保证不适宜献血人员信息安全。

血站应当建立献血者信息保密制度，保护献血者个人隐私。

【释义】本条是关于建立不适宜献血人员库和保护献血者隐私的规定。

一、本条根据《献血法》、《献血者健康检查要求》（GB 18467—2011），参考《血站管理办法》（卫生部令第44号）、《血站质量管理规范》（卫医发〔2006〕167号）等规定创设。

二、本条第一款是关于相关部门配合建立不适宜献血者信息库的规定。《血站管理办法》（卫生部令第44号）第二章第二节第二十五条规定：“血站应当建立对有易感染经血液传播疾病危险行为的献血者献血后的报告工作程序、献血屏蔽和淘汰制度。”实践中，单纯依靠血站在采血工作中发现不适宜献血者进而建立屏蔽和淘汰制度，效率较低且不利于最大限度保障血液安全。为尽可能避免窗口期感染，从低危人群中采集血液，本条规定由市卫生计生行政部门会同公安机关、疾控中心等相关单位建立不适宜献血人员信息库。主要做法是将不适宜献血人员的姓名、性别、身份证号码等信息实现共享，无须共享不适宜献血的原因。血站在对该类人员进行献血前的征询时，直接实现屏蔽。

本款所指不适宜献血人员，主要是指易感染经血传播疾病的献血高危人群，《献血者健康检查要求》（GB 18467—2011）

6.1.19 明确指出，易感染经血传播疾病的高危人群，如有吸毒史、男男性行为和多个性伴侣这类具有经血传播疾病（艾滋病、丙型肝炎、乙型肝炎、梅毒等）风险人员。

三、本条第二款是关于保护献血者隐私的规定。《血站质量管理规范》11.5 规定："应建立和实施保密制度，对献血者的个人资料、献血信息、血液检测结果以及相应的血液使用信息等应进行保密，防止未授权接触和对外泄露。"血站泄露献血者隐私的，要按照本《条例》第四十条承担法律责任。

第二十一条　市卫生计生行政部门应当根据人口流量、人口密度、年献血人次、服务区域和交通便利等情况制定献血屋设置规划，报市人民政府批准后实施。

区县（自治县）人民政府应当按照全市统一规划设置献血屋，并交由血站统一管理，无偿使用，不得改变用途。

献血屋设置标准和管理办法由市卫生计生行政部门另行制定。

【释义】本条是关于献血屋设置规划、设置和管理的规定。

一、本条参考《献血场所配置要求》（WS/T 401—2012）创设。

二、本条第一款是关于市卫生计生行政部门制定献血屋设置规划的规定。《献血场所配置要求》（WS/T 401—2012）规定：年献血人次为 1 万以下的，宜设立 2～3 个献血场所，其中至少应有 1 个献血屋；年献血人次为 1 万～4 万以下的，宜设立 4～5 个献血场所，其中至少应有 1～2 个献血屋；年献血人次为 4 万～8 万以下的，宜设立 6～7 个献血场所，其中至少应有 3～5 个献血屋；年献血人次为 8 万～12 万的，宜设立 8～12

个献血场所，其中至少应有 6 ~ 10 个献血屋；年献血人次为 12 万以上的，每增加 1 万 ~2 万人次，宜增设 1 ~ 2 个献血场所，其中至少应增设 1 个献血屋。献血屋是血站为方便公民自愿无偿献血而在主体建筑以外设置的固定献血场所，此次立法强调结合本市实际情况，建设布局合理、规模适宜，标准适当，资源优化，设施优良的献血屋，为市民提供便捷、舒适、温馨的献血环境。目前，重庆市卫生健康委员会已发布了《重庆市无偿献血屋设置规划（2018—2020 年）》（渝卫发〔2018〕72 号），对献血屋建设的主体、数量、选址、使用管理等作出了规定。

三、本条第二款是关于献血屋建设主体的规定。本市各区县（自治县）人民政府应当按照全市统一规划建设献血屋，交由血站统一无偿使用，并不得随意改变用途。目前，重庆市卫生健康委员会已发布了《重庆市无偿献血屋管理办法》（渝卫发〔2018〕91 号），对献血屋的设施设备和日常运行管理等作出了规定。

第二十二条　血站可以根据需要配置流动采血车和应急送血车，并报市卫生计生行政部门备案。

公安交通、城市管理、街道办事处、商圈管委会等部门和单位应当根据血站采血的需要，在人流集中、方便献血的区域划定流动采血车临时停放点。流动采血车采血时，应当停放在划定的临时停放点。

【释义】本条是关于采血车设置的规定。

一、本条立法参考《血站管理办法》（卫生部令第 44 号）、《献血场所配置要求》（WS/T 401—2012）等规定制定。

二、本条第一款是关于血站配置流动采血车和应急送血车的规定。《血站管理办法》（卫生部令第44号）第十七条规定："血站因采供血需要，在规定的服务区域内设置分支机构，应当报所在省、自治区、直辖市人民政府卫生行政部门批准；设置固定采血点（室）或者流动采血车的，应当报省、自治区、直辖市人民政府卫生行政部门备案。"《献血场所配置要求》（WS/T 401—2012）3.1规定："流动采血车是为献血者提供献血前健康征询、健康检查和血液采集等献血服务的非固定献血场所。是血站为方便公民自愿无偿献血而在主体建筑以外而设置的。"流动采血车具有机动、灵活的特点，适宜在场地狭窄或不宜设置固定献血点的街头、社区、高校、企业等开展工作，但其配置应当履行法定程序。

三、本条第二款是关于相关单位对流动采血车的停放应予以支持的规定。流动采血车的临时停放点位置是血液采集效果的关键因素，血站可以对采血车停放的选址提出建议和意见，公安交通、城市管理、街道办事处、商圈管委会等部门和单位应当对建议位置进行评估，在符合《重庆市市政设施管理条例》等法律法规的前提下，尽可能配合选择适宜和方便献血者的流动采血车临时停放点。

血站应当按照指定地点停放流动采血车，同时有关单位应当支持血站在流动采血车临时停放点设置宣传公示牌，让公民了解流动采血车的开放时间、停放地点和联系方式等，方便公民参加献血。但同时要按照当地城市管理的要求保持采血车及周边环境的清洁和卫生，树立城市管理的新形象。

第二十三条　市、区县（自治县）人民政府应当根据本地

实际，通过购买商业保险等方式，对献血者和无过错用血感染人员开展关爱与救助活动，具体办法由市人民政府制定。

【释义】本条是关于对献血者、无过错用血者关爱与救助的规定。

一、本条为创设性规定。

二、无过错输血感染，主要是指用血者自身并无过错，采供血机构及医疗机构亦系依法依规完成采供血及输血操作流程，这种情况下用血者在使用检验合格的血液后仍患上了经血液传播的疾病。目前，无过错输血致害的原因大多是“窗口期”感染。“窗口期”指的是从病原微生物侵入人体之时到能在血浆中检出病原微生物的标志物（核酸、抗原、抗体等）的时间，不同的病原微生物或同一病原微生物的检测方法不同，其“窗口期”有差异。献血者如果在感染病原体后的窗口期内献血，病原体将无法被检测出，这样的血液一旦被输入患者体内，将发生输血性感染，损害用血者健康。乙肝、艾滋病等传染病均有“窗口期”，HIV 感染窗口期一般为 14 ~ 21 天。为降低风险，从 2015 年开始，全国所有的血站已采取核酸检测的方法。但核酸检测只能提高检测灵敏度，缩短窗口期，输血染病的风险仍然存在。窗口期检测受人类医疗水平的局限，在侵权责任法上不属于具有可非难性的过错范畴。《医疗事故处理条例》明确规定：无过错输血感染造成不良后果的，不属于医疗事故；不属于医疗事故的，医疗机构不承担赔偿责任。但是，因输血被感染的用血者，应得到社会的帮助，保障其得到及时的救治，让他们感受到来自全社会的关爱。

三、部分省市已由当地人民政府设立献血关爱公益性专项资金，用于对献血者的关爱和无过错用血感染人员的救助。目前，我市血液中心已通过购买商业保险等方式，对献血者和无过错用血感染人员开展关爱与救助。未来，我市也将出台无偿献血者和因无过错临床输血导致患者感染的救助办法，对献血者和无过错用血感染人员开展关爱与救助。

第二十四条　禁止非法组织他人出卖血液。

禁止伪造、变造、买卖、出租、出借或者使用伪造、变造的无偿献血证。

【释义】本条是关于禁止血液买卖的规定。

一、本条根据《献血法》第十八条制定。

二、本条第一款为组织他人出卖血液的禁止性规定。《献血法》第十八条第三款规定："有下列行为之一的，由县级以上地方人民政府卫生行政部门予以取缔，没收违法所得，可以并处十万元以下的罚款；构成犯罪的，依法追究刑事责任：……（三）非法组织他人出卖血液的。"《中华人民共和国刑法》第三百三十三条规定："非法组织他人出卖血液的，处五年以下有期徒刑，并处罚金；以暴力、威胁方法强迫他人出卖血液的，处五年以上十年以下有期徒刑，并处罚金。有前款行为，对他人造成伤害的，依照本法第二百三十四条的规定定罪处罚。""非法组织他人出卖血液"，一般指的是"血头""血霸"为牟取非法利益，未经卫生行政主管部门批准或者委托，擅自组织他人向血站、红十字会或者其他采集血液的医疗机构提供血液。血液是一种特殊的资源，不是商品，不能进行买卖。非法组织他人出卖血液的"血头""血霸"的出现，不仅扭曲了献血制度，助长了卖血现象，而且严重损害了人民群众的健康，影响了血液质量和血液安全。他们组织卖血队伍，从卖血者那里盘剥取利，不择手段牟取暴利，有的甚至以暴力手段强迫未成年人出卖血液。因此非法组织他人出卖血液必须严厉惩处，要视情节给予行政处罚，甚至刑事处罚。《最高人民检察院、公安部关于公安机关管辖的刑事案件立案追诉标准的规定（一）》第五十二条规定：“［非法组织卖血案（刑法第三百三十三条第一款）］非法组织他人出卖血液，涉嫌下列情形之一的，应予立案追诉：（一）组织卖血三人次以上的；（二）组织卖血非法获利二千元以上的；（三）组织未成年人卖血的；（四）被组织卖血的人的血液含有艾滋病病毒、乙型肝炎病毒、丙型肝炎病毒、梅毒螺旋体等病原微生物的；（五）其他非法组织卖血应予追究刑事责任的情形。”第五十三条规定：“［强迫卖血案（刑法第三百三十三条第一款）］以暴力、威胁方法强迫他人出卖血液的，应予立案追诉。”

三、第二款是关于无偿献血证的禁止性规定。涉及以下五个概念：（一）伪造：是指无权制作《无偿献血证》的主体，仿照真实的《无偿献血证》的形式、图案、颜色、格式，通过印刷、复印、拓印、绘制等方法，非法制作《无偿献血证》的行为。伪造是一种完全的造假行为。（二）变造：是指用涂改、擦消、拼接等方法，对真实的《无偿献血证》进行改制，变更其原来真实内容的行为。（三）买卖：是指出卖人将《无偿献血证》交付并转移所有权与买受人，买受人支付价款的行为。（四）出租：是指《无偿献血证》持有人通过获取对价的形式，将《无偿献血证》转让他人使用的行为，一般是有偿的。（五）出借：是指《无偿献血证》持有人不以获取对价为目的，而将《无偿献血证》转让他人使用的行为，一般是无偿的。违反本款规定，按本《条例》第三十九条进行处理。

第四章　供血和用血

本章共五条，主要包括临床用血的血液采集、包装、储存、运输等要求，卫生行政部门的职责，医疗机构和医务人员的行为规范，公民交付采供血成本费用的规定，献血者及直系亲属免交采供血成本费用的具体核销办法等内容。

第二十五条　血站采集的血液必须用于临床，不得买卖。血站向医疗机构提供的血液，应当进行检测并符合国家规定的标准和要求。

临床用血的包装、储存、运输，应当严格执行国家规定的卫生标准和要求。

因科研或者特殊需要而进行血液调剂的，报市卫生计生行政部门确定。

【释义】本条是对血站供血的规定。

一、本条立法根据《献血法》第十条、第十一条、第十二条，参考《血站管理办法》（卫生部令第44号）、《医疗机构临床用血管理办法》（卫生部令第85号）、《献血者健康检查要求》（GB 18467—2011）、《血站技术操作规程》（2019版）、《中华人民共和国卫生部关于印发〈血站质量管理规范〉的通知》（卫医发〔2006〕167号）、《全血成分血质量要求》（GB 18467—2012）、《血液储存要求》（WS 399—2012）和《血液运输要求》（WS/T 400—2012）等制定。

二、本条第一款是关于血液提供的基本原则的规定。《献血法》第十条规定："血站采集血液必须严格遵守有关操作规程和制度，采血必须由具有采血资格的医务人员进行，一次性采血器材用后必须销毁，确保献血者的身体健康。血站应当根据国务院卫生行政部门制定的标准，保证血液质量。血站对采集的血液必须进行检测；未经检测或者检测不合格的血液，不得向医疗机构提供。"第十一条规定："无偿献血的血液必须用于临床，不得买卖。血站、医疗机构不得将无偿献血的血液出售给单采血浆站或者血液制品生产单位。"医疗临床用血是献血者无偿提供的，不能买卖，不允许任何单位和个人利用公民无偿捐献的血液牟取私利。

血站向医疗机构提供的血液，必须按照《献血者健康检查要求》（GB 18467—2011）"血站将遵照国家规定对献血者血液进行经血传播疾病的检测，检测合格的血液将用于临床，不合格血液将按照国家规定处置"和《血站技术操作规程》（2019版）"血液检测"的要求进行血液检测，合格血液的安全性要符合《全血成分血质量要求》（GB 18467—2012）对血液安全性检测要求："ABO血型定型试验结果正确。RhD血型定型试验结果正确。人免疫缺陷病毒（HIV-1和HIV-2）标志物筛查试验结果阴性。乙型肝炎病毒（HBV）标志物筛查试验结果阴性。丙型肝炎（HCV）病毒标志物筛查试验结果阴性。丙氨酸氨基转移酶检测合格。梅毒螺旋体标志物筛查试验结果阴性。血液安全性检测的具体方法和要求按照国家相关规定执行。"

这样规定，一方面是保证献血者健康安全，保证血液质量以及用血者用血安全；另一方面也是为今后发生纠纷时提供可参考的依据。

三、本条第二款是关于临床用血的包装、储存、运输的原则性规定。《献血法》第十二条规定：“临床用血的包装、储存、运输，必须符合国家规定的卫生标准和要求。”《血站管理办法》（卫生部令第44号）第三十四条规定：“血液的包装、储存、运输应当符合《血站质量管理规范》的要求。血液包装袋上应当标明（一）血站的名称及其许可证号；（二）献血编号或者条形码；（三）血型；（四）血液品种；（五）采血日期及时间或者制备日期及时间；（六）有效日期及时间；（七）储存条件。”《血站质量管理规范》对血液的储存和运输要求：“17.1建立和实施血液保存管理程序，并满足以下要求：17.1.1血液的保存地点应具有防火、防盗和防鼠等措施，未经授权人员不得进入。17.1.2血液的保存设备应运行可靠，温度均衡，有温度记录装置和报警装置。17.1.3对保存状态进行监控，包括持续的温度及其他保存条件的监测和记录，确保血液始终在正确的条件下保存。17.1.4根据储存要求将不同品种和不同血型的血液分开存放，并有明显标识。17.2建立和实施血液发放程序。应遵循先进先出的原则。在发放前应检查血液外观，外观异常的血液不得发放。应建立和保存血液发放记录。17.3建立和实施血液运输的管理程序，确保血液在完整的冷链中运输，使血液从采集直至发放到医院的整个过程中始终处于所要求的温度范围内。应对血液在整个运输过程中的储存温度进行监控。应建立和保存血液运输记录。17.4不同保存条件以及发往不同目的地的血液应分别装箱，并附装箱清单。血液运输箱应有标识，标明血液种类、运输目的地。”《血液储存要求》（WS 399—2012）和《血液运输要求》（WS/T 400—2012）对临床用血的包装、储存和运输有更为详细的规定。

四、本条第三款是关于科研或者特殊需要血液调剂的原则性规定。《血站管理办法》（卫生部令第44号）第四十一条规定：“特殊血型的血液需要从外省、自治区、直辖市调配的，由省级人民政府卫生行政部门批准。因科研或者特殊需要而进行血液调配的，由省级人民政府卫生行政部门批准。出于人道主义、救死扶伤的目的，需要向中国境外医疗机构提供血液及特殊血液成分的，应当严格按照有关规定办理手续。”《医疗机构临床用血管理办法》（卫生部令第85号）第十三条规定：“医疗机构应当使用卫生行政部门指定血站提供的血液。医疗机构科研用血由所在地省级卫生行政部门负责核准。医疗机构应当配合血站建立血液库存动态预警机制，保障临床用血需求和正常医疗秩序。”血站与科研部门之间，血站之间及医疗机构之间如需进行血液调剂，需报请卫生计生行政部门审批同意后方可实施。

第二十六条　医疗机构应当使用市卫生计生行政部门指定的血站提供的血液。

紧急情况下，需要跨服务区域调剂临床用血的，由市卫生计生行政部门指定临时供血的血站。

【释义】本条是对医疗机构临床用血来源的规定。

一、本条根据《献血法》第八条，参考《医疗机构临床用血管理办法》（卫生部令第85号）、《关于进一步加强血液管理工作的意见》（国卫医发〔2015〕68号）等规定制定。

二、本条第一款是关于医疗机构临床用血来源的规定。《献血法》第八条规定："血站是采集、提供临床用血的机构，是不以营利为目的的公益性组织。设立血站向公民采集血液，必须经国务院卫生行政部门或者省、自治区、直辖市人民政府卫生行政部门批准。"《医疗机构临床用血管理办法》（卫生部令第85号）第十三条第一款规定："医疗机构应当使用卫生行政部门指定血站提供的血液。"1978年国务院发布《国务院批转卫生部关于加强输血工作的请示报告的通知》（国发〔1978〕242号），对我国采供血实行"三统一"：统一管理血源，统一组织采血，统一临床用血。同时对采供血机构实行采血区域和供血区域划分，规定血站不能任意跨区域采供血。不同血站采供血能力不同，为保证我市供应充足和血液质量安全，医疗机构应使用市卫生计生行政部门指定的血站提供的血液。

三、本条第二款是关于血液调剂的规定。《血站管理办法》（卫生部令第44号）第四十一条规定："因临床、科研或者特殊需要，需要从外省、自治区、直辖市调配血液的，由省级人民政府卫生计生行政部门组织实施。出于人道主义、救死扶伤的目的，需要向中国境外医疗机构提供血液及特殊血液成分的，应当严格按照有关规定办理手续。"《关于进一步加强血液管理工作的意见》第三条规定：建立血液供应保障机制。省级卫生计生行政部门应当按照《献血法》《血站管理办法》（卫生部令第44号）有关要求，完善辖区内血液调剂程序和管理制度，依法组织开展血液调剂工作。对于特殊需要或者特殊血型等需要从外省（区、市）调配的，依法建立省际血液供应联动机制。军队卫生部门、采供血机构应当按照《献血法》《军队血液管理规定》要求，实施血液调剂工作。一般情况下，医疗机构不能擅自跨服务区域调剂临床用血。但是紧急情况下，如医疗机构发生临床用血紧张，指定血站不能满足临床用血；或者危急患者生命安全，急需输血而医疗机构暂时无法与指定血站取得联系或指定血站因故不能履行相应职责；或者血站库存血紧张等情况，此时，可以进行不同区域血液调剂，但必须在市卫生计生行政部门指令下有序进行。

第二十七条　医疗机构及其医务人员临床用血应当遵守以下规定：

（一）严格执行临床输血技术规范，保障临床用血安全；

（二）严格掌握临床输血指征，科学制订临床输血方案；

（三）积极采用临床用血先进技术，避免浪费和滥用血液；

（四）除临床急救用血外，优先保障献血者临床用血；

（五）法律法规的其他规定。

【释义】本条是对医疗机构和医务人员临床用血提出的要求。

、本条根据《献血法》第十六条，参考《医疗机构临床用血管理办法》（卫生部令第 85 号）、《临床输血技术规范》《关于进一步加强血液管理工作的意见》（国卫医发〔2015〕68 号）、《医疗机构从业人员行为规范》（卫办发〔2012〕45 号）等规定制定。

二、本条第（一）项是关于医疗机构临床用血安全性的规定。《献血法》第十六条规定："医疗机构应当积极推行按血液成份针对医疗实际需要输血，具体管理办法由国务院卫生行政部门制定。"《医疗机构临床用血管理办法》（卫生部令第 85 号）第十九条规定："医务人员应当认真执行临床输血技术规范。"《医疗机构从业人员行为规范》第三条规定："医疗机构从业人员，既要遵守本文件所列基本行为规范，又要遵守与职业相对应的分类行为规范。”

《临床输血技术规范》是为在各级医疗机构中推广科学、合理用血技术，杜绝血液浪费和滥用，保证临床用血质量和安全制定的规范。该规范明确了医疗机构应当建立临床用血管理体系，制定本机构的临床用血管理制度，加强临床用血全过程管理，医务人员应严格遵守执行相关制度，包含临床输血申请、患者血样采集、交叉配血、医疗机构从血站取回血液入库、发血及输血，涵盖临床用血全过程；并制定了成分输血、自身输血、手术及创伤输血、内科输血、术中控制性低血压技术等指南及输血治疗同意书、临床输血申请单、输血记录单、输血不良反应回报单模板。医疗机构的职能部门应明确职责，履行工作职能，对医务人员临床用血进行督导检查，对存在问题进行追踪与持续改进，确保临床用血安全。

三、本条第（二）项是关于医疗机构临床用血科学性的规定。《医疗机构临床用血管理办法》（卫生部令第 85 号）第十九条规定：“医务人员应当认真执行临床输血技术规范，严格掌握临床输血适应证，根据患者病情和实验室检测指标，对输血指证进行综合评估，制订输血治疗方案。”《临床输血技术规范》第三条规定：“临床医师和输血医技人员应严格掌握输血适应证。”《关于进一步加强血液管理工作的意见》（国卫医发〔2015〕68 号）三（三）规定：“医疗机构应当加强临床用血管理，制定应急状态临床用血方案，建立以单病种为基础的临床用血评价制度；开展继续教育培训，推广合理用血新理念，规范用血标准，严格用血指征。”《医疗机构临床用血管理办法》（卫生部令第 85 号）第二十条规定：“医疗机构应当建立临床用血申请管理制度。”同时对医疗机构和医务人员的用血权限进行了严格的规定：“同一患者一天申请备血量少于800毫升的，由具有中级以上专业技术职务任职资格的医师提出申请，上级医师核准签发后，方可备血。同一患者一天申请备血量在800毫升至1 600毫升的，由具有中级以上专业技术职务任职资格的医师提出申请，经上级医师审核，科室主任核准签发后，方可备血。同一患者一天申请备血量达到或超过1 600毫升的，由具有中级以上专业技术职务任职资格的医师提出申请，科室主任核准签发后，报医务部门批准，方可备血。以上第二款、第三款和第四款规定不适用于急救用血。”

临床用血是一门科学，临床用血是否合理体现科学水平和科学态度。输血应当遵循：科学地分析病情，坚持实事求是。对可输可不输的患者应坚持不输，对确实需输血的患者应坚持足量输注（例如《临床输血技术规范》规定，因各种原因引起凝血因子缺乏，并伴有出血表现时应按照每千克体重输注10毫升至15毫升新鲜冰冻血浆，即一个60千克体重的成年患者每次应输注600毫升至900毫升，才能达到输血治疗效果），对适用输血者应优选成分输血的原则（成分输血是用物理或化学方法把患者献血者的全血分离制备成纯度高、容量小的血液成分，根据病情需要输给患者，即缺什么血液成分，就补充什么血液成分的原则，达到科学、合理、节约用血的目的）。临床输血适应证包括疾病状态下的输血治疗和非疾病状态下的预防性输注。输血指征是指上述两种情况下患者的实验室检查指标和临床症状。输血技术规范对红细胞、血小板、新鲜（普通）冰冻血浆、冷沉淀等各种血液成分的输注有具体的指标和标准。医务人员应根据患者临床症状、实验室检测指标严格掌握输血指征，科学制定适合患者输血治疗的个性化方案及临床症状的详细要求。

四、本条第（三）项是关于医疗机构临床用血合理性的规定。《献血法》第十六条规定：“医疗机构临床用血应当制定用血计划，遵循合理、科学的原则，不得浪费和滥用血液。”国家鼓励临床用血新技术的研究和推广。《临床输血技术规范》第二条规定：“血液资源必须加以保护、合理应用，避免浪费，杜绝不必要的输血。”《医疗机构临床用血管理办法》（卫生部令第85号）第二十二条规定：“医疗机构积极推行节约用血的新型医疗技术。三级医院、有条件的二级医院和妇幼保健院应当开展自体输血技术，建立并完善管理制度和技术规范，提高合理用血水平，保证医疗质量和安全。”《关于进一步加强血液管理工作的意见》（国卫医发〔2015〕68号）三（三）规定：“鼓励开发并运用微创等新技术，节约血液资源，提高血液使用效率。”医疗机构和医务人员应不断研究和推广自体输血、微创手术等用血新技术，提高输血治疗效果和安全性。积极推行成分输血，科学、合理及节约用血。

血液是紧张的，稀缺的，为保障临床用血，必须开源与节流相结合，最大限度地发挥血液的功效，更加合理、科学地利用血液。医疗机构应当根据自己的规模、床位以及平均每天的用血量制订合理储血计划，定期向指定血站提出用血计划，避免血液因采集和储备过量报废；医务人员应当深入研究临床用血先进技术，临床科室、麻醉科、手术室和输血科在治疗贫血，改善止、凝血功能，自体输血等领域通力合作，避免或减少失血，优化机体对贫血和失血的代偿能力及综合评估输血指征等，不断探索成分输血、自身输血，输血疗效，控制输血严重危害等领域的先进技术，在确保患者健康安全的前提下，加强血液管理，避免浪费和滥用血液。

五、本条第（四）款是关于医疗机构临床用血优先性的规定。《献血法》第十七条规定：“各级人民政府和红十字会对积极参加献血和在献血工作中做出显著成绩的单位和个人，给予奖励。”《医疗机构临床用血管理办法》（卫生部令第85号）第十三条规定：“医疗机构应当配合血站建立血液库存动态预警机制，保障临床用血需求和正常医疗秩序。”第二十六条规定：“各省、自治区、直辖市人民政府卫生行政部门应当制订临床用血保障措施和应急预案，保证自然灾害、突发事件等大量伤员和特殊病例、稀缺血型等应急用血的供应和安全。”

救死扶伤是医疗机构和医务人员的基本职业道德。危及患者生命体征急需输血，而其他治疗措施不能替代时，血站、医疗机构及医务人员应首先保障其急救用血。血液是献血公民无私、爱心的奉献，无偿献血是互相帮助的具体体现，优先保障献血者临床用血，是对献血者的肯定和奖励。

除本条（一）至（四）项规定外，还对医疗机构和医务人员临床用血进行了其他规定，为避免重复本条第（五）项设置了兜底性条款予以概括。《献血法》第十三条规定：“医疗机构对临床用血必须进行核查，不得将不符合国家规定标准的血液用于临床。”《医疗机构临床用血管理办法》（卫生部令第85号）第八条规定：“二级以上医院和妇幼保健院应当设立临床用血管理委员会，负责本机构临床合理用血管理工作，对应当履行的职责作出相应规定。”第十条规定：“医疗机构根据有关规定和临床用血需求设置输血科或者血库，并承担相应输血工作，不具备条件设置输血科或者血库的医疗机构，应当安排专

（兼）职人员负责临床用血工作。”第十四条规定：“医疗机构应当科学制订临床用血计划，建立临床合理用血的评价制度，提高临床合理用血水平。”第十七条规定：“医疗机构应当在血液发放和输血时进行核对，并指定医务人员负责血液的收领、发放工作。”第十八条规定：“医疗机构的储血设施应当保证运行有效，全血、红细胞的储藏温度应当控制在2～6 ℃，血小板的储藏温度应当控制在20～24 ℃。储血保管人员应当做好血液储藏温度的24小时监测记录。储血环境应当符合卫生标准和要求。”第二十一条规定：“在输血治疗前，医师应当向患者或者其近亲属说明输血目的、方式和风险，并签署临床输血治疗知情同意书。因抢救生命垂危的患者需要紧急输血，且不能取得患者或者其近亲属意见的，经医疗机构负责人或者授权的负责人批准后，可以立即实施输血治疗。”《关于进一步加强血液管理工作的意见》（国卫医发〔2015〕68号）提出，医疗机构应当加强临床用血管理，普及无偿献血的知识，做好无偿献血健康教育工作。

医疗机构违反本条规定的，按照《条例》第四十一条追究相关法律责任。

第二十八条　公民临床用血时，只交付用于血液的采集、储存、分离、检验等费用（以下称采供血成本费用）；具体收费执行国务院卫生计生行政部门会同国务院价格主管部门制定的标准。

献血者临床用血，免交前款规定的费用。献血者的配偶、父母、子女临床用血，按照献血者献血量等量免交前款规定的费用。

【释义】本条是对公民临床用血费用的规定。

一、本条根据《献血法》第十四条，参考《国家计委、卫生部关于公民临床用血收费标准的通知》（计价格〔1998〕1982号）、《关于调整公民临床用血收费标准的通知》（卫规财发〔2005〕437号）等规定制定。

二、本条第一款是公民临床用血需缴纳的费用。《献血法》第十四条规定："公民临床用血时只交付用于血液的采集、储存、分离、检验等费用；具体收费标准由国务院卫生行政部门会同国务院价格主管部门制定。无偿献血者临床需要用血时，免交前款规定的费用；无偿献血者的配偶和直系亲属临床需要用血时，可以按照省、自治区、直辖市人民政府的规定免交或者减交前款规定的费用。"血液是由献血者无偿捐献而来，本身不收取任何费用，公民临床需要用血的费用，是血液从采集到提供临床用血的一切消耗成本费用，包括血液的采集、储存、分离、检验等费用，需要用血的人支付，收费标准由国务院卫生行政部门和价格主管部门制定，各省、自治区、直辖市具体执行。血液是一种特殊的资源，在临床救治患者生命的活动中，发挥着其他药物不可替代的极其重要的作用。尽管当今科学技术如此发达，但是临床医疗用血，仍然只能依赖人类自身提供的血液来解决。正因为如此，不能将血液资源列入市场调节的范围，也不能将血液烙上商品的属性。重庆市公民临床用血只交付采集、储存、分离、检验等采供血成本费用，具体收费规定参照《重庆市物价局、重庆市卫生局关于贯彻〈国家计委、卫生部关于公民临床用血收费标准的通知〉的通知》（渝价〔1998〕576号）；重庆市物价局、重庆市卫生局《关于新增公民临床用血规格价格的通知》（渝价〔2001〕349号）、重庆市卫生局、重庆市物价局《关于贯彻卫生部国家发改委调整公民临床用血收费标准的通知》（渝卫财〔2006〕20号）等规定。

三、本条第二款是关于无偿献血者和献血者的配偶、父母、子女临床需要用血时采供血成本费用交付的规定。修订前《条例》第二十二条规定："献血者凭本人居民身份证和在本市献血的无偿献血证书，按下列规定免费用血：（一）献血后五年内，可免费享用献血量三倍的血量；（二）献血五年后，可免费享用献血等量的血量；（三）献血量累计满六百毫升以上的，十年内免费享用所需血量；（四）献血量累计满八百毫升以上的，十五年内免费享用所需血量；（五）献血量累计满一千毫升以上的，终身免费享用所需血量。"第二十三条规定："本市献血者自献血之日起十年内，其家庭成员按献血量等量免费医疗临床用血。"不难看出，修订前《条例》对献血者及其家庭成员从献血量和献血年限方面，对享受相关献血政策进行了限制，并且未明确指出献血者家庭成员的具体对象。为与《献血法》保持一致，本次《条例》修订，明确公民只需一次有效献血，终生免交第一款规定的费用，同时明确献血者家庭成员中配偶、父母、子女临床用血，免交献血者献血量等量的费用。

修订前《条例》第二十四条规定："持有外地无偿献血证书的献血者在本市用血，免收献血补偿金，但应支付用血费用。"第二十六条规定："公民医疗临床用血时（献血者除外），有下列情形之一的，应向用血医疗机构所在地献血办公室交纳用血费的三倍作为用血补偿金：（一）单位未完成上年度献血计划的；（二）无工作单位的；（三）外地来本市就医的。"第二十七条规定："公民医疗临床用血后，符合下列条件之一的，由医疗机构所在地献血办公室向单位或公民退还补偿金：

（一）单位在规定期限内完成年度献血计划的；（二）有工作单位的公民在规定期限内献血的；（三）无工作单位或外地来本市的公民，其家庭成员有一人献血的。”第二十八条规定：“公民本人及其家庭成员均不符合献血条件，以及革命荣誉军人、残疾人、见义勇为者，因医疗需要用血凭有关证件免收用血补偿金。”本次修订废除了用血补偿金制度。

第二十九条　献血者及其配偶、父母、子女免交的采供血成本费用，按照下列规定核销：

（一）在本市献血的献血者及其配偶、父母、子女在市内就诊的，采供血成本费用在就诊的医疗机构核销；

（二）在本市献血的献血者及其配偶、父母、子女在市外就诊的，采供血成本费用在发放无偿献血证的血站核销；

（三）在市外献血的献血者及其配偶、父母、子女在本市就诊的，采供血成本费用按献血地规定处理。

费用核销的具体办法，由市卫生计生行政部门会同市人力社保部门另行制定。

【释义】本条是对免交采供血成本费用核销方式的规定。

一、本条根据《献血法》第十四条制定。

二、《献血法》第十四条规定：“无偿献血者临床需要用血时，免交前款规定的费用；无偿献血者的配偶和直系亲属临床需要用血时，可以按照省、自治区、直辖市人民政府的规定免交或者减交前款规定的费用。”修订前《条例》及实践中对核销血液成本费用的做法是：献血者及其配偶、父母、子女临床用血时，先向医疗机构代交相关血液成本费用，符合免交条件的，由用血者凭相关材料到献血的血站申请核销。因医疗机构和血站之间未实现信息共享，献血者核销费用手续复杂，流程烦琐，多次往返血站才能实现核销。起草者详细了解了核销程序问题所在，本次立法对献血者及其配偶、子女、父母免交采供血成本费用核销方式进行调整，将其放在患者出院时在医院核销，并要求市卫生计生行政部门牵头建立采供血成本核销信息化系统，实现医疗机构血站信息互联互通，让信息多跑路，群众少跑腿。具体核销流程和要求见《重庆市卫生和计划生育委员会、重庆市财政局、重庆市人力资源和社会保障局关于印发〈重庆市无偿献血采供血成本费核销办法（试行）〉的通知》（渝卫发〔2018〕24 号）。

三、鉴于目前全国未实现献血信息共享、费用统一核销，各地用血费用存在明显差异，本条所称的献血者指献血行为发生在本市的人，而不强调户籍地。针对户籍地与献血行为地不一致的问题，本条第一款区别了三种情形：一是在本市献血的献血者及其配偶、父母、子女在市内就诊，采供血成本费用直接在就诊医疗机构核销；二是在本市献血的献血者及其配偶、父母、子女在市外就诊，采供血成本费用在发放无偿献血证的血站核销；三是在市外献血的献血者及其配偶、父母、子女在本市就诊，采供血成本费用按献血地规定处理。

第五章　监督管理

本章共八条，主要包含血站及医疗机构的管理职责、将献血工作纳入各类文明考核指标、血站信息化建设；血站财务管理、血站信息公开、血站规范执业和自我培训、医疗机构临床用血管理；卫生计生行政部门、血站和医疗机构对采供血违法违规举报、投诉的调查处理。同时，《条例》还结合本市工作实际创设了加强血液工作信息化建设、采供血违法违规行为举报投诉等制度。

第三十条　市、区县（自治县）卫生计生行政部门应当建立对血站、医疗机构的定期培训和考核制度，加强对献血法律法规、标准、技术规范贯彻执行情况的监督检查，维护献血者、用血者及其他当事人的合法权益。

【释义】本条是关于各级卫生计生行政部门对血液管理职责的规定。

一、本条规定根据《献血法》第四条，参考《血站管理办法》（卫生部令第 44 号）、《医疗机构临床用血管理办法》（卫生部令第 85 号）等制定。

二、《献血法》第四条规定：“县级以上各级人民政府卫生行政部门监督管理献血工作。各级红十字会依法参与、推动献血工作。”《血站管理办法》（卫生部令第44号）第六条规定：“卫生部主管全国血站的监督管理工作。县级以上地方人民政府卫生行政部门负责本行政区域内血站的监督管理工作。”《医疗机构临床用血管理办法》（卫生部令第85号）第三十一条规定：“县级以上地方人民政府卫生行政部门应当加强对本行政区域内医疗机构临床用血情况的督导检查。”因此，各级卫生计生行政部门具有依法监督管理血站和医疗机构血液管理工作的法定职责。

三、本条在坚持上位法的基础上，进行了一定程度细化，将市、区县（自治县）卫生计生行政部门在监督管理献血工作中的具体职责界定为三个方面：一是建立对血站、医疗机构的定期培训和考核制度；二是加强对献血法律法规、标准、技术规范贯彻执行情况的监督检查；三是维护献血者、用血者及其他当事人的合法权益。

四、《血站管理办法》（卫生部令第44号）第五十条规定：“县级以上人民政府卫生行政部门对采供血活动履行下列职责：（一）制定临床用血储存、配送管理办法，并监督实施；（二）对下级卫生行政部门履行本办法规定的血站管理职责进行监督检查；（三）对辖区内血站执业活动进行日常监督检查，组织开展对采供血质量的不定期抽检；（四）对辖区内临床供血活动进行监督检查；（五）对违反本办法的行为依法进行查处。”第五十一条规定：“各级人民政府卫生行政部门应当对无偿献血者的招募、采血、供血活动予以支持、指导。”第五十二条规定：“省级人民政府卫生行政部门应当对本辖区内的血站执行有关规定情况和无偿献血比例、采供血服务质量、业务指导、人员培训、综合质量评价技术能力等情况进行评价及监督检查，按照卫生部的有关规定将结果上报，同时向社会公布。”因此，各级卫生计生行政部门具有法定职责建立对血站的定期培训和考核制度，加强对献血法律法规、标准、技术规范贯彻执行情况的监督检查。

五、《医疗机构临床用血管理办法》（卫生部令第 85 号）第六条规定：“各省、自治区、直辖市人民政府卫生行政部门成立省级临床用血质量控制中心，负责辖区内医疗机构临床用血管理的指导、评价和培训等工作。”第三十二条规定：“县级以上地方人民政府卫生行政部门应当建立医疗机构临床用血评价制度，定期对医疗机构临床用血工作进行评价。”第三十三条规定：“县级以上地方人民政府卫生行政部门应当建立临床合理用血情况排名、公布制度。对本行政区域内医疗机构临床用血量和不合理使用等情况进行排名，将排名情况向本行政区域内的医疗机构公布，并报上级卫生行政部门。”第三十四条规定：“县级以上地方人民政府卫生行政部门应当将医疗机构临床用血情况纳入医疗机构考核指标体系；将临床用血情况作为医疗机构评审、评价重要指标。”因此，各级卫生计生行政部门具有法定职责加强对医疗机构临床用血工作的管理，并监督检查献血法律法规、标准、技术规范贯彻执行情况。

第三十一条　献血工作情况应当纳入各地、各部门卫生城市（区）、文明城市（区）、文明单位创建考核评价体系。

【释义】本条是创设性条款，是关于将献血工作情况纳入各地、各部门相关考核指标体系的规定。

一、本条规定参考《国家卫生城市标准（2014 版）》（全爱卫发〔2014〕3号）和《全国文明单位测评体系（2017年版）》的相关规定制定。

二、《国家卫生城市标准（2014版）》七（三十五）规定："无偿献血能够满足临床用血需要，临床用血100%来自自愿无偿献血。建成区无非法行医、非法采供血和非法医疗广告。"《全国文明单位测评体系（2017年版）》Ⅰ-6："建立学雷锋志愿服务队伍……（4）主动履行社会责任，积极参加公益活动，热心支持公益事业。"自愿无偿献血是一项公益性事业，公民自愿献血率的高低反映了一个地区和一个单位的文明程度，因此本次修订将献血工作纳入卫生城市（区）、文明城市（区）、文明单位创建的内容既有现实意义，也符合全国各地创建工作的实际。

三、实行无偿献血，不仅能保障医疗临床用血的需要，保证输血安全，达到治病救人的目的；还是一种"我为人人，人人为我"的社会共济行为，是人道主义精神的重要体现。献血事业的发展程度，是社会文明程度的标志之一。当前，世界很多国家已经做到临床用血全部来自无偿献血。1998年10月1日《献血法》正式实施，我国以法律形式确立了无偿献血制度。20多年来，我国无偿献血制度全面建立，血液管理制度体系和血站采供血服务体系日益完善，血液供应能力、血液安全水平和临床用血水平显著提高。全国无偿献血人次从1998年的32.8万上升到2017年的1 459万，献血量从1998年的400万单位（800吨）提高到2017年的2 478万单位（4 956吨），献血量增加了5倍之多。2015年年底实现血站核酸检测全覆盖，有效缩短了疾病传播的"窗口期"，血液供应和安全得到有效保障。2017年，世界卫生组织发布《全球血液安全与供应报告》指出，中国在无偿献血总量、自愿无偿献血比例、血液质量安全水平、血液报废率、临床合理用血水平等方面，血液安全供应水平位居全球前列。保障血液安全供应的中国经验、中国方案和中国力量，为全球血液事业发展作出了重要贡献。说到中国经验，最重要的经验就是“政府主导、部门协作、全社会参与”，这充分体现了我国社会主义制度的优越性，也充分彰显了社会主义精神文明。因此，将献血工作情况应当纳入各地、各部门卫生城市（区）、文明城市（区）、文明单位创建考核评价体系，有助于弘扬社会主义核心价值观，有助于传承中华民族团结、友爱、互助的传统美德，也有利于推动无偿献血工作。

第三十二条　市卫生计生行政部门应当建立血液工作信息化系统，实现卫生计生行政部门、血站、医疗机构、医保中心之间献血、采血、供血、用血信息的互联互通。

血液工作信息化系统管理和使用单位应当加强信息化建设，优化采血、供血、用血和费用核销管理流程，保障献血者、用血者的信息安全。

血液工作信息化系统应当向献血者开放，献血者可以通过系统查询自己的献血信息和录入本人以及配偶、父母、子女的相关信息，录入的信息作为采供血成本费用核销的依据。

【释义】本条是关于血液管理信息化建设的创设性规定。

一、本条参考国家卫生和计划生育委员会、国家中医药管理局、中国红十字会总会等《关于进一步加强血液管理工作的意见》（国卫医发〔2015〕68号）、《卫生部、国家中医药管理局关于加强卫生信息化建设的指导意见》（卫办发〔2012〕38号）等制定。

二、《关于进一步加强血液管理工作的意见》（国卫医发〔2015〕68号）规定：“一、依法推动无偿献血工作……（三）提供优质便捷献血服务。各级卫生计生行政部门、军队卫生部门应当指导血站，以献血者为中心，完善献血服务设施，增强服务意识，优化服务流程，利用新媒体、互联网拓展对献血者的服务渠道，为献血者提供个性化服务。认真落实血站信息公开有关要求，建立健全定期开放制度，及时回应社会关切。做好无偿献血表彰活动，探索建立个人、单位、社会有效衔接的无偿献血激励机制，提升适龄公民献血的积极性。推动建立全国无偿献血志愿服务体系，鼓励在校学生以及社会各界积极参与无偿献血志愿服务。二、稳步提高血站服务能力……（四）加强血液管理信息化建设。大力推进覆盖采供血和临床用血全过程的血液信息化建设，建立国家统筹指导、省（区、市）统一的血液管理信息系统，实现区域内血站、医疗机构、献血者信息资料联网，不断提高工作效率，实现血液管理与服务的精细化、标准化、规范化和专业化。”

三、《卫生部、国家中医药管理局关于加强卫生信息化建设的指导意见》（卫办发〔2012〕38号）规定：“三、重点任务……（三）完善五大业务应用系统建设。加强公共卫生应用信息系统建设，完善疾病防控、妇幼保健、食品安全、血液管理、卫生监督、卫生应急决策信息系统，提高业务能力，加快12320卫生热线建设，实现公共卫生服务均等化；加强医疗服务应用信息系统建设，推进电子病历应用，优化医疗服务流程，规范医疗服务行为，提高医疗服务质量和效率，保障医疗安全，用信息化手段方便群众看病就医；完善医疗保障应用信息系统，提高新农合基金监管水平和使用效率，方便参合农民异地就医和即时结报；完善药品供应保障应用信息系统，支持基本药物管理和使用，支持药品、医疗器械招标采购、物流配送、临床使用管理，造福人民群众，强化政府监管；完善综合管理应用信息系统，提高卫生信息数据采集的及时性和准确性，提高卫生信息数据统计分析和应用能力，实现对各级各类医疗卫生机构业务工作、资金使用、内部运行的精细化管理，服务于卫生管理和科学决策。”

四、可见，加强血液工作的信息化建设，是提高血站服务能力的必然要求，是卫生行政部门加强血液管理的必然要求，也是方便广大人民群众献血、用血的需要。需要指出的是，本次修订过程中，分三个层次规范了血液工作的信息化建设问题：第一款针对的是卫生行政部门；第二款主要针对供血、用血单位；第三款主要针对向献血者开放端口的问题。为了实现《条例》第四章第二十九条的制度设计，方便本市的献血者及其配偶、父母、子女在本市就医能够实现出院时在医疗机构实时结算，调研中许多同志提出在血液管理系统中有端口向献血者开放，由献血者在献血时或之前、之后一定时间填写，这样既可以简化采供血机构录入程序，又可以作为后续核销用血费用的依据，方便医疗机构核销。经过反复论证，采纳了该建议，但同时献血者应当保证录入数据信息的真实、准确、合法。

第三十三条　血站应当建立健全财务管理制度，加强对收取的采供血成本费用的管理，并接受财政、审计等行政部门的监督检查。

【释义】本条是血站财务管理的规定。

一、本条根据《献血法》第十四条，参考《事业单位财务规则》（财政部令第68号）、《关于调整公民临床用血收费标准的通知》（卫规财发〔2005〕437号）制定。

二、《事业单位财务规则》（财政部令第68号）第二条规定："本规则适用于各级各类事业单位（以下简称'事业单位'）的财务活动。"第三条规定："事业单位财务管理的基本原则是：执行国家有关法律、法规和财务规章制度；坚持勤俭办事业的方针；正确处理事业发展需要和资金供给的关系，社会效益和经济效益的关系，国家、单位和个人三者利益的关系。"血站作为事业单位应当遵守国家有关财务管理的法律法规。

三、本条强调血站应当建立健全财务管理制度，做好财务管理工作，还规定了有关行政部门应加强监督管理；同时，重点强调要加强采供血成本费用的管理，即血站要严格按照规定收取并管理采供血成本费用，落实献血者的核销政策，保证相关经费收取的合法性和透明性，增强社会公众对无偿献血工作的信任。

第三十四条　血站应当建立信息公开制度，依法公开以下内容：

（一）血站及其工作人员依法执业相关信息；

（二）采血点设置、服务热线等服务信息；

（三）献血流程、费用核销流程；

（四）采供血成本费用收支等财务信息；

（五）其他依法应当公开的信息。

【释义】本条是创设性条款，是关于血站信息公开的规定。

一、本条根据《中华人民共和国政府信息公开条例》，参考《卫生部关于加强血站信息公开工作的通知》（卫医政发〔2012〕37 号）等创设。

二、《中华人民共和国政府信息公开条例》第五十五条规定："教育、卫生健康、供水、供电、供气、供热、环境保护、公共交通等与人民群众利益密切相关的公共企事业单位，公开在提供社会公共服务过程中制作、获取的信息，依照相关法律、法规和国务院有关主管部门或者机构的规定执行。全国政府信息公开工作主管部门根据实际需要可以制定专门的规定。前款规定的公共企事业单位未依照相关法律、法规和国务院有关主管部门或者机构的规定公开在提供社会公共服务过程中制作、获取的信息，公民、法人或者其他组织可以向有关主管部门或者机构申诉，接受申诉的部门或者机构应当及时调查处理并将处理结果告知申诉人。"《卫生部关于加强血站信息公开工作的通知》（卫医政发〔2012〕37 号）二、血站主动向社会公开的信息内容："（一）血站及工作人员基本信息，主要包括血站依法执业登记情况、固定采血点（室）和流动采血车备案信息、医护人员依法执业注册情况及相关资质情况。（二）献血服务信息，主要包括献血流程、献血服务热线及献血服务网点的服务时间、地址、联系人和联系方式、献血者本人、配偶和直系亲属临床用血费用报销政策、程序及咨询电话、血液库存预警信息、献血者的权利和义务、献血者健康咨询的主要内容、对献血者告知的主要内容、献血注意事项、血液检测的主要项目、不合格血液的处理流程、向献血者反馈所献血液检测结果和使用情况（为保护患者隐私，不提供受血者信息）无偿献血表彰的相关信息、血站应当向社会公众公开的其他相关信息。（三）财务信息主要包括经过国家和省级卫生行政部门会同价格主管部门批准的各种收费项目、收费标准和收费依据、接受社会捐赠及对捐赠财物的使用情况、依照法律、法规和国家有关规定应当主动公开的其他财务信息。（四）行业作风建设情况主要包括加强行风建设的主要规定、血站工作人员执业行为规范，包括职业道德规范、行为准则、血站工作人员提供服务时佩戴身份标识、血站工作人员文明服务用语、服务规范、服务标准、服务承诺等、本单位服务监督部门投诉电话和投诉信箱、上级卫生行政部门投诉电话和投诉信箱。”

三、血站是公益性组织，其信息透明公开化，可以方便公众及时知晓献血信息，接受群众监督，取得公众信任，推动本市无偿献血工作的发展。因此，各血站要根据《中华人民共和国政府信息公开条例》《卫生部关于加强血站信息公开工作的通知》（卫医政发〔2012〕37 号），采取便于公众知晓的方式主动公开相关信息。比如在本单位网站、公共查阅室、资料索取点、信息公开栏、信息亭、宣传橱窗、电子屏幕、电子触摸屏等场所或设施，采用广播、电视、报刊等新闻媒体，短信、监督热线电话等方式公开相关信息。

血站针对公民的信息公开申请，属于公开范围的，应当告知申请人获取该信息的方式和途径；属于不予公开范围的，应当告知申请人并说明理由。违反本条规定，未按照规定履行信息公开义务，血站和其主管人员、直接责任人员要按《条例》第六章第四十条承担相应法律责任。

第三十五条　血站应当加强对工作人员的业务培训和日常管理，提高采供血服务质量。

血站工作人员上岗时，应当佩戴载有本单位名称、本人姓

名及职称等执业信息的标牌，使用文明用语、规范服务行为。

【释义】本条是创设性条款，是关于血站工作人员执业规范的规定。

一、本条参考《血站管理办法》（卫生部令第44号）、《卫生部关于印发〈血站质量管理规范〉的通知》（卫医发〔2006〕167号）等制定。

二、本条第一款是关于血站加强工作人员业务培训和日常管理的原则性规定。《血站管理办法》（卫生部令第44号）第二十七条规定："血站工作人员应当符合岗位执业资格的规定，并接受血液安全和业务岗位培训与考核，领取岗位培训合格证书后方可上岗。血站工作人员每人每年应当接受不少于75学时的岗位继续教育。"《血站质量管理规范》（卫医发〔2006〕167号）3. 组织与人员规定："……3.6 必须按实际情况制定继续教育和培训计划，保证员工得到持续有效的教育和培训。培训者的培训能力和培训评估者的评估能力应经过评估，表明能够胜任后，才能授予承担培训和评估的职责。3.7 员工必须接受拟任岗位职责相关文件的培训和实践技能的培训，并且经过评估表明能够胜任。应有培训记录，记录应包括满足岗位需求的培训计划、评估标准、培训实施记录、培训评估结果和结论，以及未达到培训预期要求时所采取的措施。3.8 员工必须结合工作实践接受相关签名的工作程序以及法律责任的培训，并且经过评估表明合格，才能允许在工作文件或记录上签名。必须登记和保存员工的签名，并定期按规定更新以及将先前的记录存档。"各血站应当高度重视员工的岗前培训考核工作，严把人员的进口关和业务关，特别是新进人员的培训，制定培训计划，明确培训内容和培训时间。培训内容应当涵盖血站基本概况、采供血法规、医风医德、血液安全与卫生管理、质量管理体系、采供血服务流程、献血与血液知识、无偿献血理念及宣传等内容，由血站的领导和相关业务能手担任培训老师，强化对工作人员的培训。通过培训和考核，工作人员熟悉掌握血站的基本性质和任务，熟悉采供血业务流程和相关法规，牢固树立质量意识和服务意识。

三、本条第二款是关于血站工作人员执业行业规范的规定。为保证采供血工作质量和安全，血站工作人员应为献血者提供热情和规范的服务。因此，本条要求血站工作人员应当佩戴载有本单位名称、本人姓名及职称等执业信息的标牌，使用文明用语、规范服务行为，提高服务质量，让公民在献血过程中享受到规范、优质的服务，提升献血工作的信任，并产生良好的示范效应。

第三十六条　医疗机构应当加强临床用血管理，遵守以下规定：

（一）建立并完善管理制度和工作规范；

（二）科学制定临床用血计划，将临床用血管理作为医疗质量管理的重要内容；

（三）建立临床合理用血的评价制度；

（四）法律法规的其他规定。

【释义】本条是关于医疗机构临床用血管理的规定。

一、本条根据《献血法》第十六条，参考《医疗机构临床用血管理办法》（卫生部令第 85 号）、《临床输血技术规范》（卫医发〔2000〕184 号）、《关于进一步加强血液管理工作的意见》（国卫医发〔2015〕68 号）等规定制定。

二、本条第一项是关于医疗机构建立临床用血管理制度的原则性规定。《医疗机构临床用血管理办法》（卫生部令第85号）第七条规定："医疗机构应当加强组织管理，明确岗位职责，健全管理制度。医疗机构法定代表人为临床用血管理第一责任人。"第十二条规定："医疗机构应当加强临床用血管理，建立并完善管理制度和工作规范，并保证落实。"《关于进一步加强血液管理工作的意见》（国卫医发〔2015〕68号）三（三）要求加强临床合理用血工作，加强临床用血管理，规范用血标准。因此，医疗机构应当建立临床用血管理组织机构，制定完善的管理制度和工作规范，持续改进临床用血管理机制，规范从业人员岗位职责和工作流程，保障临床用血安全。

三、本条第二项是明确医疗机构将临床用血管理纳入医疗质量管理的原则性规定。《献血法》第十六条规定："医疗机构临床用血应当制定用血计划，遵循合理、科学的原则，不得浪费和滥用血液。"《医疗机构临床用血管理办法》（卫生部令第85号）第三条规定："医疗机构应当加强临床用血管理，将其作为医疗质量管理的重要内容，完善组织建设，建立健全岗位责任制，制定并落实相关规章制度和技术操作规程。"第十四条规定："医疗机构应当科学制订临床用血计划。"《关于进一步加强血液管理工作的意见》（国卫医发〔2015〕68号）三（一）规定："完善血站、医疗机构联动机制。医疗机构应当会同血站，根据近年来床位数、门急诊量、手术人次数、出入院量以及业务发展等情况制订全年和各月份用血计划。"因此，医疗机构应当根据自身业务发展趋势、手术台数的增减、门急诊量和住院患者的变化等指标科学制定本医疗机构的用血计划，加强与供血血站的联系，保证血液供应充足；同时将临床用血管理作为医疗质量管理的重要内容之一，加强患者临床用血安全管理，强化质量控制，提高临床合理用血规范化。

四、本条第三项是关于医疗机构建立评价临床合理用血的规定。《医疗机构临床用血管理办法》（卫生部令第85号）第八条明确规定医疗机构应设立临床用血管理委员会或临床用血管理工作组；第九条第三款规定："定期监测、分析和评估临床用血情况，开展临床用血质量评价工作，提高临床合理用血水平。"第十四条规定："建立临床合理用血的评价制度，提高临床合理用血水平。"《关于进一步加强血液管理工作的意见》（国卫医发〔2015〕68号）三（三）要求加强临床合理用血工作。建立以单病种为基础的临床用血评价制度。临床合理用血评价制度是医疗机构临床用血相关的重要制度，医疗机构应当根据自身实际情况，确定具体评价指标，建立完善的评价制度，确保评价有效、准确，促进临床合理用血监督管理取得实效。

五、除了本条（一）至（三）项规定外，针对医疗机构临床用血管理还有较多的规定。如，《献血法》第十三条规定："医疗机构对临床用血必须进行核查，不得将不符合国家规定标准的血液用于临床。"《医疗机构临床用血管理办法》（卫生部令第85号）第十五条规定："医疗机构应当对血液预订、接收、入库、储存、出库及库存预警等进行管理，保证血液储存、运送符合国家有关标准和要求。"第十九条规定："医务人员应当认真执行临床输血技术规范，严格掌握临床输血适应证，根据患者病情和实验室检测指标，对输血指证进行综合评估，制订输血治疗方案。"第二十二条规定："医疗机构应当积极推行节约用血的新型医疗技术。"第二十三条规定："医疗机构应当积极推行成分输血，保证医疗质量和安全。”为了避免立法资源浪费，本条第四项设置的兜底性条款，实践中要注意把握。

第三十七条　市、区县（自治县）卫生计生行政部门、血站、医疗机构应当建立采供血违法违规行为的举报、投诉制度，维护献血者及其他当事人的合法权益。

市、区县（自治县）卫生计生行政部门、血站、医疗机构接到投诉后，应当及时处理并向投诉人反馈处理情况。

【释义】本条是关于建立采供血违法违规行为举报投诉及反馈处理制度的规定。

一、本条参考《卫生信访工作办法》（卫生部令第 54 号）、《医疗机构投诉管理办法》（国家卫生健康委员会令第 3 号）、《医疗机构管理条例实施细则》（卫生部令第 35 号）、《血站管理办法》（卫生部令第 44 号）等规定制定。

二、本条中采供血违法违规行为指血站、医疗机构在采血、供血、用血等执业活动中违反有关法律、法规、规章、标准和采供血规范的行为。投诉举报制度是指自然人、法人或者其他组织采用信件、电话、互联网、传真、来访等形式，向各级卫生计生管理部门、血站、医疗机构反映本单位或者工作人员在采血、供血、用血、使用环节涉嫌违法违规的行为。

三、《医疗机构投诉管理办法》（国家卫生健康委员会令第 3 号）第二条规定：“本办法所称投诉管理，是指患者就医疗服务行为、医疗管理、医疗质量安全等方面存在的问题向医疗机构反映情况，提出意见、建议或者投诉请求，医疗机构进行调查、处理和结果反馈的活动。”《卫生信访工作办法》（卫生部令第54号）第四条规定："各级卫生行政部门应当畅通信访渠道，倾听群众意见、建议和要求，为群众提出信访事项提供便利条件，接受人民群众的监督。"第十五条规定："各级卫生行政部门应当向社会公布其信访工作机构的通信地址、电子信箱、投诉电话、信访接待的时间和地点、查询信访事项处理进展及结果的方式等相关事项；在信访接待场所或者网站公布与信访工作相关的法律、法规、规章，卫生信访事项的处理程序，以及其他为信访人提供便利的相关事项。"《医疗机构管理条例实施细则》（卫生部令第35号）第六十八条、第六十九条规定：县级以上卫生行政部门设立医疗机构监督管理办公室，医疗机构监督管理办公室的职责包括负责接待、办理群众的对医疗机构的投诉。《血站管理办法》（卫生部令第44号）第五十六条规定："各级人民政府卫生行政部门应当建立血站监督管理的举报、投诉机制。卫生行政部门对举报人和投诉人负有保密的义务。"

近年来，随着经济社会的发展，公民法治意识的提升，各类举报和投诉不断增多，如果举报、投诉渠道不畅，举报投诉处理方式不当，很容易导致社会公众质疑献血工作，影响本市的无偿献血工作。因此，各级卫生计生管理部门、血站、医疗机构应当高度重视采供血违法违规行为，切实加强对采供血执业活动的举报投诉管理，建立健全工作机制，及时发现和制止违反采供血法律法规和标准规范的行为，切实保障献血者及其他当事人的合法权益。卫生计生行政部门、医疗机构、血站应积极建立畅通、便捷的投诉渠道，在办公区、医疗区、采血区显著位置公布投诉管理部门、地点、接待时间及其联系方式。对于公民的投诉举报应当实行"首诉负责制"。投诉人向有关部门投诉的，被投诉部门的工作人员应当予以热情接待，对于能够当场协调处理的，应当尽量当场协调解决；对于无法当场协调处理的，接待的部门应当主动引导投诉人到投诉管理部门投诉。投诉管理部门接到投诉后，应当及时向当事部门和相关人员了解、核实情况，在查清事实、分清责任的基础上提出处理意见，并反馈投诉人，相关部门和人员应当予以积极配合。

第六章　法律责任

本章共五条，主要就公民违反献血禁止性规定、公民违反献血证管理禁止性规定、血站违反管理义务、医疗机构违反临床用血规定等应当承担的法律责任作出规定。《条例》结合重庆实际，创设了部分严重影响无偿献血工作的义务性规定，本章节是违反这些义务性规定产生的法律责任，对于上位法已有明确规定的法律责任原则上不再重复。同时，为规范行政处罚行为，本章根据《重庆市规范行政处罚裁量权办法》（渝府令〔2010〕238 号）、《重庆市卫生和计划生育委员会关于印发重庆市卫生计生行政处罚裁量权实施办法的通知》（渝卫发〔2017〕51 号）等规定，提出了在实施过程中的裁量参考标准；为推进“两法衔接”工作，还对可能涉及的刑法罪名进行了梳理。

第三十八条　违反本条例规定，冒用他人名义或者雇佣他人献血的，由卫生计生行政部门处以二千元以上一万元以下的罚款；构成犯罪的，依法追究刑事责任。

【释义】本条是关于冒用他人名义或者雇佣他人献血应当承担的法律责任的规定。

一、本条是创设性规定。

二、违反《条例》第十七条第一款规定："公民献血时有以下两种情形应当承担本条规定的法律责任：（一）冒用他人名义献血；（二）雇佣他人以雇佣者的名义献血。"

三、"非法组织他人出卖血液"与"雇佣他人献血"两种行为的区别在于：《献血法》第十八条规定："有下列行为之一的，由县级以上地方人民政府卫生行政部门予以取缔，没收违法所得，可以并处十万元以下的罚款；构成犯罪的，依法追究刑事责任：（一）非法采集血液的；（二）血站、医疗机构出售无偿献血的血液的；（三）非法组织他人出卖血液的。"我国实行自愿无偿献血制度，献血是无私奉献精神的体现，献血者和献血组织者都不能以金钱利益作为行为动机。"非法组织他人出卖血液"违反《献血法》规定的无偿献血制度，行为人将血液视为"商品"而组织他人加以出卖。这类人通常被称为"血头""血霸"，他们往往以谋取经济利益为目的，在组织他人卖血过程实施拉拢、策划、联络、指挥、领导等行为，甚至以殴打等暴力方法强迫他人卖血，严重扰乱献血秩序。非法组织他人出卖血液的行为应当依据《献血法》第十八条第三项的规定进行处理。

而本条规定的"雇佣他人献血"是指行为人雇佣他人以自己的名义献血。雇佣者因为某种原因不愿自己献血，例如本身不符合献血条件，又例如担心献血对自身身体有不良影响，而直接雇佣他人冒用自己的身份献血，以获得《无偿献血证》。行为人雇佣他人献血的直接目的是获得《无偿献血证》而不是在献血活动中牟利，其社会危害程度相对非法组织他人出卖血液行为较轻。

四、本条在实施过程中可以按照以下参考标准进行裁量：

（一）冒用他人名义献血的：1. 初次冒用他人名义献血且献血量累计在 400 毫升以下的，处二千元至八千元的罚款；2. 曾因同种原因受到过行政处罚或献血量累计超过 400 毫升的，处超过八千元至一万元的罚款。

（二）雇佣他人以雇佣者的名义献血：1. 初次雇佣他人以雇佣者的名义献血且献血量累计在 400 毫升以下的，处二千元至八千元的罚款；2. 曾因同种原因受到过行政处罚或献血量累计超过 400 毫升的，处超过八千元至一万元的罚款。

五、本条在实施过程中可能涉及以下刑法罪名：

（一）使用虚假身份证件、盗用身份证件罪。《中华人民共和国刑法》第二百八十条之一规定："在依照国家规定应当提供身份证明的活动中，使用伪造、变造的或者盗用他人的居民身份证、护照、社会保障卡、驾驶证等依法可以用于证明身份的证件，情节严重的，处拘役或者管制，并处或者单处罚金。有前款行为，同时构成其他犯罪的，依照处罚较重的规定定罪处罚。"《条例》第十七条规定：公民献血时，应当出示居民身份证或者其他有效身份证明，冒用他人名义献血者可能构成本罪。

（二）伪造、变造、买卖身份证件罪。《中华人民共和国刑法》第二百八十条第三款规定："伪造、变造、买卖居民身份证、护照、社会保障卡、驾驶证等依法可以用于证明身份的证件的，处三年以下有期徒刑、拘役、管制或者剥夺政治权利，并处罚金；情节严重的，处三年以上七年以下有期徒刑，并处罚金。"冒用他人名义或者雇佣他人献血的过程中，如果存在伪造、变造、买卖身份证件的情况，则伪造、变造、买卖身份证件的行为人可能构成本罪。

第三十九条 违反本条例规定，出租、出借无偿献血证的，由卫生计生行政部门处以一千元以上五千元以下的罚款；伪造、变造、买卖或者使用伪造、变造的无偿献血证的，按照《中华人民共和国治安管理处罚法》的规定进行处罚；构成犯罪的，依法追究刑事责任。

【释义】本条是关于非法出租、出借无偿献血证和伪造、变造、买卖或者使用伪造、变造的无偿献血证应当承担的法律责任的规定。

一、本条是创设性规定。

二、违反《条例》第二十四条第二款，单位或者个人有以下三种情形应当承担本条规定的法律责任：（一）出租、出借无偿献血证的；（二）伪造、变造、买卖无偿献血证的；（三）使用伪造、变造的无偿献血证的。

三、《中华人民共和国治安管理处罚法》第五十二条规定："有下列行为之一的，处十日以上十五日以下拘留，可以并处一千元以下罚款；情节较轻的，处五日以上十日以下拘留，可以并处五百元以下罚款：（一）伪造、变造或者买卖国家机关、人民团体、企业、事业单位或者其他组织的公文、证件、证明文件、印章的；（二）买卖或者使用伪造、变造的国家机关、人民团体、企业、事业单位或者其他组织的公文、证件、证明文件的；（三）伪造、变造、倒卖车票、船票、航空客票、文艺演出票、体育比赛入场券或者其他有价票证、凭证的；（四）伪造、变造船舶户牌，买卖或者使用伪造、变造的船舶户牌，或者涂改船舶发动机号码的。"伪造、变造、买卖无偿献血证的，由公安机关按《中华人民共和国治安管理处罚法》第五十二条第一项的规定处理；使用伪造、变造的无偿献血证的，由公安机关按《中华人民共和国治安管理处罚法》第五十二条第二项的规定处理。

四、出租、出借无偿献血证的，由卫生计生行政部门实施处罚。在实施过程中可按以下参考标准进行裁量：（一）初次出借无偿献血证的，处一千元至三千元的罚款；（二）曾因出借无偿献血证受到过行政处罚的，处超过三千元至五千元的罚款；（三）初次出租无偿献血证的，处超过三千元至四千元的罚款；（四）曾因出租无偿献血证受到过行政处罚的，处超过四千元至五千元的罚款。

五、本条在实施过程中可能涉及伪造公司、企业、事业单位、人民团体印章罪。《中华人民共和国刑法》第二百八十条第二款规定："伪造公司、企业、事业单位、人民团体的印章的，处三年以下有期徒刑、拘役、管制或者剥夺政治权利，并处罚金。"《条例》第十七条规定血站应当在采血后向献血者发放无偿献血证。

第四十条　违反本条例规定，血站有下列行为之一的，由卫生计生行政部门责令改正；情节严重的，对负有责任的主管人员和其他直接责任人员，依法给予处分；构成犯罪的，依法追究刑事责任：

（一）泄露献血者隐私；

（二）未按照规定履行信息公开义务；

（三）向医疗机构提供不符合国家规定标准的血液。

【释义】本条是关于血站不履行相关义务或者违反供血规

定应当承担的法律责任的规定。

一、本条第一、二项是创设性规定；第三项根据《献血法》第二十一条，参考《血站管理办法》（卫生部令第44号）第六十三条制定。

二、违反《条例》规定，血站有以下三种情形应当承担本条规定的法律责任：（一）违反《条例》第二十条第二款，泄露献血者隐私的；（二）违反《条例》第三十四条，未按照规定履行信息公开义务；（三）违反《条例》第二十五条第一款，向医疗机构提供不符合国家规定标准的血液。

三、《中华人民共和国民法总则》第一百一十条第一款规定："自然人享有生命权、身体权、健康权、姓名权、肖像权、名誉权、荣誉权、隐私权、婚姻自主权等权利。"第一百一十一条规定："自然人的个人信息受法律保护。任何组织和个人需要获取他人个人信息的，应当依法取得并确保信息安全，不得非法收集、使用、加工、传输他人个人信息，不得非法买卖、提供或者公开他人个人信息。"隐私权是指自然人享有的私人生活安宁与私人生活信息依法受到保护，不受他人侵扰、知悉、使用、披露和公开的权利。献血者个人隐私遭到泄露可能给当事人工作、生活带来影响，甚至造成精神上的损害。血站负有保护献血者个人隐私的义务。《条例》第二十条要求血站建立献血者信息保密制度，保护献血者个人隐私。同时，为便于献血者了解献血信息，接受社会监督，血站负有按规定履行信息公开的义务。《条例》第三十四条规定了血站应当公开的五类信息。为确保血站履行以上两个义务，本条第一、二项规定血站泄露献血者隐私和未按照规定履行信息公开义务的行为，卫生计生行政部门应当责令改正。

四、《献血法》第二十一条规定："血站违反本法的规定，向医疗机构提供不符合国家规定标准的血液的，由县级以上人民政府卫生行政部门责令改正；情节严重，造成经血液途径传播的疾病传播或者有传播严重危险的，限期整顿，对直接负责的主管人员和其他直接责任人员，依法给予行政处分；构成犯罪的，依法追究刑事责任。"《血站管理办法》（卫生部令第44号）第六十三条规定："血站违反规定，向医疗机构提供不符合国家规定标准的血液的，由县级以上人民政府卫生行政部门责令改正；情节严重，造成经血液途径传播的疾病传播或者有传播严重危险的，限期整顿，对直接负责的主管人员和其他责任人员，依法给予行政处分；构成犯罪的，依法追究刑事责任。"血站应当根据国家规定标准对采集的血液进行检测，保证血液质量。本条第三项依据《献血法》，参考《血站管理办法》（卫生部令第44号），设置了血站向医疗机构提供不符合国家规定标准的血液的法律责任。

五、本条在实施过程中可能涉及采集、供应血液、制作、供应血液制品事故罪。《中华人民共和国刑法》第三百三十四条第二款规定："经国家主管部门批准采集、供应血液或者制作、供应血液制品的部门，不依照规定进行检测或者违背其他操作规定，造成危害他人身体健康后果的，对单位判处罚金，并对其直接负责的主管人员和其他直接责任人员，处五年以下有期徒刑或者拘役。"《最高人民法院、最高人民检察院关于办理非法采供血液等刑事案件具体应用法律若干问题的解释》（法释〔2008〕12号）第七条规定，经国家主管部门批准的采供血机构和血液制品生产经营单位，应认定为"经国家主管部门批准采集、供应血液或者制作、供应血液制品的部门"。

血站是经国家主管部门批准的采供血机构，其向医疗机构提供不符合国家规定标准的血液，造成危害他人身体健康后果的，血站及有关责任人员应当承担相应的刑事责任。《最高人民检察院、公安部关于公安机关管辖的刑事案件立案追诉标准的规定（一）》（公通字〔2008〕36号）第五十五条第一、第二款规定："［采集、供应血液、制作、供应血液制品事故案（刑法第三百三十四条第二款）］经国家主管部门批准采集、供应血液或者制作、供应血液制品的部门，不依照规定进行检测或者违背其他操作规定，涉嫌下列情形之一的，应予立案追诉：（一）造成献血者、供血浆者、受血者感染艾滋病病毒、乙型肝炎病毒、丙型肝炎病毒、梅毒螺旋体或者其他经血液传播的病原微生物的；（二）造成献血者、供血浆者、受血者重度贫血、造血功能障碍或者其他器官组织损伤导致功能障碍等身体严重危害的；（三）其他造成危害他人身体健康后果的情形。经国家主管部门批准的采供血机构和血液制品生产经营单位，属于本条规定的'经国家主管部门批准采集、供应血液或者制作、供应血液制品的部门'。采供血机构包括血液中心、中心血站、脐带血造血干细胞库和国家卫生行政主管部门根据医学发展需要批准、设置的其他类型血库、单采血浆站。"同时，第五十五条第三款还规定了"不依照规定进行检测或者违背其他操作规定"的13种具体情形，包括：1. 血站未用两个企业生产的试剂对艾滋病病毒抗体、乙型肝炎病毒表面抗原、丙型肝炎病毒抗体、梅毒抗体进行两次检测的；2. 单采血浆站不依照规定对艾滋病病毒抗体、乙型肝炎病毒表面抗原、丙型肝炎病毒抗体、梅毒抗体进行检测的；3. 血液制品生产企业在投料生产前未用主管部门批准和检定合格的试剂进行复检的；

4. 血站、单采血浆站和血液制品生产企业使用的诊断试剂没有生产单位名称、生产批准文号或者经检定不合格的；5. 采供血机构在采集检验样本、采集血液和成分血分离时，使用没有生产单位名称、生产批准文号或者超过有效期的一次性注射器等采血器材的；6. 不依照国家规定的标准和要求包装、储存、运输血液、原料血浆的；7. 对国家规定检测项目结果呈阳性的血液未及时按照规定予以清除的；8. 不具备相应资格的医务人员进行采血、检验操作的；9. 对献血者、供血浆者超量、频繁采集血液、血浆的；10. 采供血机构采集血液、血浆前，未对献血者或者供血浆者进行身份识别，采集冒名顶替者、健康检查不合格者血液、血浆的；11. 血站擅自采集原料血浆，单采血浆站擅自采集临床用血或者向医疗机构供应原料血浆的；12. 重复使用一次性采血器材的；13. 其他不依照规定进行检测或者违背操作规定的。

第四十一条　违反本条例规定，医疗机构未依法执行临床用血规定的，由卫生计生行政部门责令限期改正；逾期未改正的，给予警告；情节严重的，并处一万元以上三万元以下罚款；构成犯罪的，依法追究刑事责任。

【释义】本条是关于医疗机构违反临床用血及其管理规定应当承担的法律责任的规定。

一、本条是创设性规定。

二、医疗机构有以下十种违反《条例》规定的行为，应当承担本条规定的法律责任：（一）违反《条例》第二十六条，未使用市卫生计生行政部门指定的血站提供的血液。（二）违反《条例》第二十七条第一项，未严格执行临床输血技术规范，保障临床用血安全；（三）违反《条例》第二十七条第二项，未严格掌握临床输血指征，未科学制订临床输血方案；（四）违反《条例》第二十七条第三项，未积极采用临床用血先进技术，避免浪费和滥用血液；（五）违反《条例》第二十七条第四项，除临床急救用血外，未优先保障献血者临床用血；（六）违反《条例》第二十七条第五项，在临床用血工作中违反法律法规的其他情形；（七）违反《条例》第三十六条第一项，未建立并完善管理制度和工作规范；（八）违反《条例》第三十六条第二项，未科学制定临床用血计划，未将临床用血管理作为医疗质量管理的重要内容；（九）违反《条例》第三十六条第三项，未建立临床合理用血的评价制度；（十）违反《条例》第三十六条第四项，在临床用血管理中违反法律法规的其他情形。

三、本条在实施过程中可按以下参考标准进行裁量：（一）逾期未改正的，处警告；（二）曾因同种违法行为受到警告行政处罚的，处警告、一万元至两万元的罚款；（三）曾因同种违法行为受到罚款行政处罚，处警告、超过两万元至三万元的罚款。

四、本条在实施过程中可能涉及医疗事故罪。《中华人民共和国刑法》第三百三十五条规定："医务人员由于严重不负责任，造成就诊人死亡或者严重损害就诊人身体健康的，处三年以下有期徒刑或者拘役。"《最高人民检察院、公安部关于公安机关管辖的刑事案件立案追诉标准的规定（一）》（公通字〔2008〕36号）第五十六条规定："［医疗事故案（刑法第三百三十五条）］医务人员由于严重不负责任，造成就诊人死亡或者严重损害就诊人身体健康的，应予立案追诉。具有下列情形之一的，属于本条规定的‘严重不负责任’：（一）擅离职守的；（二）无正当理由拒绝对危急就诊人实行必要的医疗救治的；（三）未经批准擅自开展试验性医疗的；（四）严重违反查对、复核制度的；（五）使用未经批准使用的药品、消毒药剂、医疗器械的；（六）严重违反国家法律法规及有明确规定的诊疗技术规范、常规的；（七）其他严重不负责任的情形。本条规定的‘严重损害就诊人身体健康’，是指造成就诊人严重残疾、重伤、感染艾滋病、病毒性肝炎等难以治愈的疾病或者其他严重损害就诊人身体健康的后果。”

第四十二条　卫生计生行政部门、血站、医疗机构及其工作人员违反《献血法》和本条例相关规定的，依照《献血法》予以处罚；给献血者、用血者健康造成损害的，依法予以赔偿；对直接负责的主管人员和其他直接责任人员，依法给予处分；构成犯罪的，依法追究刑事责任。

【释义】本条是关于卫生计生行政部门、血站、医疗机构及其工作人员违法行为的法律责任的规定。

一、本条根据《献血法》第十九条、第二十二条、第二十三条等制定。

二、《献血法》第十九条规定：“血站违反有关操作规程和制度采集血液，由县级以上地方人民政府卫生行政部门责令改正；给献血者健康造成损害的，应当依法赔偿，对直接负责的主管人员和其他直接责任人员，依法给予行政处分；构成犯罪的，依法追究刑事责任。”第二十二条规定：“医疗机构的医务人员违反本法规定，将不符合国家规定标准的血液用于患者的，由县级以上地方人民政府卫生行政部门责令改正；给患者健康造成损害的，应当依法赔偿，对直接负责的主管人员和其他直接责任人员，依法给予行政处分；构成犯罪的，依法追究刑事责任。”第二十三条规定：“卫生行政部门及其工作人员在献血、用血的监督管理工作中，玩忽职守，造成严重后果，构成犯罪的，依法追究刑事责任；尚不构成犯罪的，依法给予行政处分。”

三、本条也是对法律责任条款适用的转致性规定。对于上位法已有明确法律责任规定的，按上位法处理。因此，本条规定，卫生计生行政部门、血站、医疗机构在无偿献血管理、采供血活动、临床用血工作中违反《条例》，《献血法》有规定的，按照上位法《献血法》执行。

四、本条在实施过程中可能涉及以下刑法罪名：

（一）非法采集、供应血液、制作、供应血液制品罪。《中华人民共和国刑法》第三百三十四条第一款规定：“非法采集、供应血液或者制作、供应血液制品，不符合国家规定的标准，足以危害人体健康的，处五年以下有期徒刑或者拘役，并处罚金；对人体健康造成严重危害的，处五年以上十年以下有期徒刑，并处罚金；造成特别严重后果的，处十年以上有期徒刑或者无期徒刑，并处罚金或者没收财产。”本罪属于危险犯，只要行为人采集、供应血液或者制作、供应血液制品不符合国家规定的标准，具有损害人体正常生理机能的可能性，就构成犯罪，而不需要造成实际的损害结果。《最高人民法院、最高人民检察院关于办理非法采供血液等刑事案件具体应用法律若干问题的解释》（法释〔2008〕12号）第一条规定，对未经国家主管部门批准或者超过批准的业务范围，采集、供应血液或者制作、供应血液制品的，应认定为“非法采集、供应血液或者制作、供应血液制品”。《最高人民检察院、公安部关于公安机关管辖的刑事案件立案追诉标准的规定（一）》（公通字〔2008〕36号）第五十四条规定：“［非法采集、供应血液、制作、供应血液制品案（刑法第三百三十四条第一款）］非法采集、供应血液或者制作、供应血液制品，涉嫌下列情形之一的，应予立案追诉：（一）采集、供应的血液含有艾滋病病毒、乙型肝炎病毒、丙型肝炎病毒、梅毒螺旋体等病原微生物的；（二）制作、供应的血液制品含有艾滋病病毒、乙型肝炎病毒、丙型肝炎病毒、梅毒螺旋体等病原微生物，或者将含有上述病原微生物的血液用于制作血液制品的；（三）使用不符合国家规定的药品、诊断试剂、卫生器材，或者重复使用一次性采血器材采集血液，造成传染病传播危险的；（四）违反规定对献血者、供血浆者超量、频繁采集血液、血浆，足以危害人体健康的；（五）其他不符合国家有关采集、供应血液或者制作、供应血液制品的规定，足以危害人体健康或者对人体健康造成严重危害的情形。未经国家主管部门批准或者超过批准的业务范围，采集、供应血液或者制作、供应血液制品的，属于本条规定的‘非法采集、供应血液、制作、供应血液制品’。本条和本规定第五十二条、第五十三条、第五十五条规定的‘血液’，是指全血、成分血和特殊血液成分。本条和本规定第五十五条规定的‘血液制品’，是指各种人血浆蛋白制品。”

（二）采集、供应血液、制作、供应血液制品事故罪。《中华人民共和国刑法》第三百三十四条第二款规定：“经国家主管部门批准采集、供应血液或者制作、供应血液制品的部门，不依照规定进行检测或者违背其他操作规定，造成危害他人身体健康后果的，对单位判处罚金，并对其直接负责的主管人员和其他直接责任人员，处五年以下有期徒刑或者拘役。”《最高人民法院、最高人民检察院关于办理非法采供血液等刑事案件具体应用法律若干问题的解释》(法释〔2008〕12号）第七条规定，经国家主管部门批准的采供血机构和血液制品生产经营单位，应认定为“经国家主管部门批准采集、供应血液或者制作、供应血液制品的部门”。血站是经国家主管部门批准的采供血机构，其不依照规定进行检测或者违背其他操作规定，造成危害他人身体健康后果的，血站及有关责任人员应当承担相应的刑事责任。《最高人民检察院、公安部关于公安机关管辖的刑事案件立案追诉标准的规定（一）》（公通字〔2008〕36号）第五十五条规定：“［采集、供应血液、制作、供应血液制品事故案（刑法第三百三十四条第二款）］经国家主管部门批准采集、供应血液或者制作、供应血液制品的部门，不依照规定进行检测或者违背其他操作规定，涉嫌下列情形之一的，应予立案追诉：（一）造成献血者、供血浆者、受血者感染艾滋病病毒、乙型肝炎病毒、丙型肝炎病毒、梅毒螺旋体或者其他经血液传播的病原微生物的；（二）造成献血者、供血浆者、受血者重度贫血、造血功能障碍或者其他器官组织损伤导致功能障碍等身体严重危害的；（三）其他造成危害他人身体健康后果的情形。经国家主管部门批准的采供血机构和血液制品生产经营单位，属于本条规定的‘经国家主管部门批准采集、供应血液或者制作、供应血液制品的部门’。采供血机构包括血液中心、中心血站、脐带血造血干细胞库和国家卫生行政主管部门根据医学发展需要批准、设置的其他类型血库、单采血浆站。”同时，第五十五条还规定了“不依照规定进行检测或者违背其他操作规定”的13种具体情形，包括：1. 血站未用两个企业生产的试剂对艾滋病病毒抗体、乙型肝炎病毒表面抗原、丙型肝炎病毒抗体、梅毒抗体进行两次检测的；2. 单采血浆站不依照规定对艾滋病病毒抗体、乙型肝炎病毒表面抗原、丙型肝炎病毒抗体、梅毒抗体进行检测的；3. 血液制品生产企业在投料生产前未用主管部门批准和检定合格的试剂进行复检的；4. 血站、单采血浆站和血液制品生产企业使用的诊断试剂没有生产单位名称、生产批准文号或者经检定不合格的；5. 采供血机构在采集检验样本、采集血液和成分血分离时，使用没有生产单位名称、生产批准文号或者超过有效期的一次性注射器等采血器材的；6. 不依照国家规定的标准和要求包装、储存、运输血液、原料血浆的；7. 对国家规定检测项目结果呈阳性的血液未及时按照规定予以清除的；8. 不具备相应资格的医务人员进行采血、检验操作的；9. 对献血者、供血浆者超量、频繁采集血液、血浆的；10. 采供血机构采集血液、血浆前，未对献血者或者供血浆者进行身份识别，采集冒名顶替者、健康检查不合格者血液、血浆的；11. 血站擅自采集原料血浆，单采血浆站擅自采集临床用血或者向医疗机构供应原料血浆的；12. 重复使用一次性采血器材的；13. 其他不依照规定进行检测或者违背操作规定的。

（三）玩忽职守罪。《条例》明确了卫生计生行政部门、血站、医疗机构在献血、采血、供血、用血及其相关管理活动中各自的职责。其工作人员在献血、采血、供血、用血相关管理活动中玩忽职守，造成经血液途径传播疾病等严重后果，要依法追究刑事责任。《中华人民共和国刑法》第三百九十七条第一款规定："国家机关工作人员滥用职权或者玩忽职守，致使公共财产、国家和人民利益遭受重大损失的，处三年以下有期徒刑或者拘役；情节特别严重的，处三年以上七年以下有期徒刑。本法另有规定的，依照规定。”《最高人民检察院关于渎职侵权犯罪案件立案标准的规定》（高检发释字〔2006〕2 号）规定：“玩忽职守罪是指国家机关工作人员严重不负责任，不履行或者不认真履行职责，致使公共财产、国家和人民利益遭受重大损失的行为。涉嫌下列情形之一的，应予立案：1. 造成死亡 1 人以上，或者重伤 3 人以上，或者重伤 2 人、轻伤 4 人以上，或者重伤 1 人、轻伤 7 人以上，或者轻伤 10 人以上的；2. 导致 20 人以上严重中毒的；3. 造成个人财产直接经济损失 15 万元以上，或者直接经济损失不满 15 万元，但间接经济损失 75 万元以上的；4. 造成公共财产或者法人、其他组织财产直接经济损失 30 万元以上，或者直接经济损失不满 30 万元，但间接经济损失 150 万元以上的；5. 虽未达到 3、4 两项数额标准，但 3、4 两项合计直接经济损失 30 万元以上，或者合计直接经济损失不满 30 万元，但合计间接经济损失 150 万元以上的；6. 造成公司、企业等单位停业、停产 1 年以上，或者破产的；7. 海关、外汇管理部门的工作人员严重不负责任，造成 100 万美元以上外汇被骗购或者逃汇 1 000 万美元以上的；8. 严重损害国家声誉，或者造成恶劣社会影响的；9. 其他致使公共财产、国家和人民利益遭受重大损失的情形。国家机关工作人员玩忽职守，符合刑法第九章所规定的特殊渎职罪构成要件的，按照该特殊规定追究刑事责任；主体不符合刑法第九章所规定的特殊渎职罪的主体要件，但玩忽职守涉嫌前款第 1 项至第 9 项规定情形之一的，按照刑法第三百九十七条的规定以玩忽职守罪追究刑事责任。”

第七章　附　则

本章共二条，主要就军队献血工作的法律适用和《条例》施行日期作出规定。

第四十三条　军队对献血工作另有规定的，从其规定。

【释义】本条是关于军队献血工作的法律适用。

《献血法》第六条规定：“现役军人献血的动员和组织办法，由中国人民解放军卫生主管部门制定。”考虑到军队的献血工作管理具有特殊性，本条明确规定，军队对献血工作另有规定的，从其规定。本市内军队设置的采供血机构由军队主管献血工作的部门按军队有关规定管理。同时，《医疗机构管理条例》（国务院令第149号）第五条第三款规定：“中国人民解放军卫生主管部门依照本条例和国家有关规定，对军队的医疗机构实施监督管理。”因此，本市内军队编制内的医疗机构临床用血工作由军队卫生主管部门监督管理。

第四十四条　本条例自2018年6月1日起施行。

【释义】本条是关于《条例》施行日期的规定。

施行日期是法规实施的必备内容，一般根据该法规的具体性质和实际需要决定。《条例》于2017年11月30日经重庆市第四届人民代表大会常务委员会第四十二次会议修订通过。考虑到本条例实施前需制定一系列配套文件，以及宣传、培训等工作所需的时间，决定于2018年6月1日起施行。

第二部分　相关法律文件

（一）法律全文

重庆市人民代表大会常务委员会
公　告

第 39 号

《重庆市献血条例》已于 2017 年 11 月 30 日经重庆市第四届人民代表大会常务委员会第四十二次会议通过，现予公布，自 2018 年 6 月 1 日起施行。

重庆市人民代表大会常务委员会

2017 年 11 月 30 日

重庆市献血条例

（1998年12月26日重庆市第一届人民代表大会常务委员会第十三次会议通过，根据2010年7月23日重庆市第三届人民代表大会常务委员会第十八次会议《关于修改部分地方性法规的决定》修正，2017年11月30日重庆市第四届人民代表大会常务委员会第四十二次会议修订）

目 录

第一章 总 则

第一条 为保证医疗临床用血需要和安全，保障献血者和用血者的身体健康，发扬人道主义精神，推动和规范献血工作，根据《中华人民共和国献血法》和有关法律、行政法规，结合本市实际，制定本条例。

第二条 本市行政区域内的献血、采血、供血、用血及其相关管理活动，适用本条例。

第三条 本市依法实行无偿献血制度。

提倡十八周岁至五十五周岁的健康公民自愿献血；既往无献血反应、符合献血健康检查要求的多次献血者主动要求再次献血的，年龄可以延长至六十周岁。

鼓励国家工作人员、现役军人、医务人员、教职工以及高等学校在校学生率先献血。

鼓励稀有血型的公民积极献血。

第四条 市、区县（自治县）人民政府应当加强对献血工作的领导，建立献血工作责任制，组织制定本行政区域的献血工作规划，全额保障献血工作所需经费。

市人民政府应当建立献血工作协调机制，组织市级有关部门共同做好献血工作，协调跨区县（自治县）的采供血工作，定期研究献血工作中的重大问题。

区县（自治县）人民政府应当建立献血工作协调机制，组织区县（自治县）有关部门共同做好献血工作，定期研究献血工作中的重大问题。

第五条 市、区县（自治县）卫生计生行政部门是本行政区域内献血工作的主管部门，负责制定献血工作计划，推动、指导和监督管理本行政区域内的献血工作。

发展改革、财政、教育、科技、交通、公安、城乡规划、城市管理、文化等部门，工会、共青团、妇联、科协等群团组织按照各自职责共同做好献血工作。

红十字会依法参与、推动献血工作。

第六条 血站是不以营利为目的，负责采集、提供临床用血的公益性卫生机构。

血站的设立和管理按照国家和本市的规定执行。

任何机构和个人不得非法采集、提供临床用血。

第七条 鼓励公民加入献血志愿服务组织，参加献血志愿服务。国家机关、社会团体、企业事业单位以及其他组织和个人应当支持献血志愿服务活动。

鼓励公民、法人和其他组织对献血公益事业进行捐赠。

第八条 市、区县（自治县）人民政府和红十字会根据献血者的献血次数、献血志愿工作等情况，对在献血工作中做出突出贡献的单位、个人给予表彰和奖励。

本市对获得国家无偿献血表彰奖励的献血者给予特别激励，具体办法由市人民政府另行制定。

第二章 宣传和动员

第九条 市、区县（自治县）卫生计生行政部门应当采取措施广泛宣传献血的意义，普及献血的科学知识，开展预防和控制经血液途径传播疾病的教育，制定献血工作年度宣传计划，指导协调有关单位和部门开展献血宣传。

各相关部门按照下列职责分工，做好献血宣传工作：

（一）教育行政部门应当将献血知识纳入学校健康教育范围，指导学校开展献血宣传教育；

（二）司法行政部门应当将献血法律法规纳入法治宣传教育内容；

（三）交通、城市管理等行政部门应当按照户外公益广告管理规定，支持户外献血公益广告工作；

（四）科技行政部门应当将献血科学知识纳入科普宣传内容，组织开展经常性的献血科普活动。

工会、共青团、妇联、红十字会、科协等群团组织，应当积极参与、推动献血宣传工作。

乡（镇）人民政府、街道办事处，村（居）民委员会应当配合相关部门和机构开展献血宣传活动。

第十条　血站应当按照献血工作年度计划实施献血宣传工作，对有关单位、献血志愿服务组织开展的献血工作给予业务指导。

血站应当设立开放日，向社会公众宣传血液采集、制备、检测、存储、供应等基本知识。

第十一条　医疗机构应当通过官方网站、宣传栏、宣传资料等途径宣传献血科学知识、献血者权利义务。

为保障公民临床用血的需要，医务人员应当告知患者无偿献血、免费用血的规定和医学知识，指导择期手术的患者自身储血或者患者家庭成员献血。

第十二条　报刊、广播、电视、网络等新闻媒体应当每年有计划地开展献血公益宣传，免费刊播献血公益广告，普及献血科学知识，宣传献血先进事迹、典型人物。

车站、机场、码头、广场、公园、影剧院、商场等公共场所，公共交通工具的运营单位，应当通过其设置或者管理的广告牌、宣传栏、公共视听载体等设施，免费开展献血公益性宣传。

第十三条 每年六月的第三周为本市献血宣传周。

第十四条 国家机关、企业事业单位、群团组织、村（居）民委员会应当每年至少动员和组织一次献血活动，动员本单位或者本居住区符合献血条件的公民参加献血，并为献血者提供便利。

第十五条 市、区县（自治县）人民政府应当建立临床用血应急保障机制，制定临床用血应急预案。

发生临床用血供应紧张、突发事件需要应急用血，或者因可预见的重大事件需要紧急备血时，应当按照预案要求分级发布预警信息，启动应急响应措施。

发生前款规定情形时，市、区县（自治县）人民政府应当组织国家机关、企业事业单位、群团组织动员本单位适龄健康公民自愿献血。

第三章 献血和采血

第十六条 公民可以参加所在单位或者村（居）民委员会组织的献血，也可以直接到血站或者血站设置的献血屋、流动采血车献血。

公民所在单位、村（居）民委员会组织的献血人数较多时，血站应当提供预约上门采血服务。

第十七条 公民献血时，应当出示居民身份证或者其他有效身份证明，如实填写健康状况征询表并接受血站免费提供的献血健康检查。禁止冒用他人名义或者雇佣他人献血。

血站应当通过发放宣传资料或者口头告知等方式，让献血者了解献血注意事项、献血者享有的权利等。

经检查，公民符合献血条件的，血站应当在采血后向其发放无偿献血证；公民不符合献血条件的，血站应当向其说明情况，不得采集血液；公民在献血后经检测血液不合格的，血站应当自采集血液之日起十个工作日内将检测结果告知献血者。

任何单位和个人不得要求献血者证明其所献血液的安全性。

第十八条 血站应当为献血者提供安全、卫生、便利的条件和良好的服务。

血站根据实际情况，可以为献血者发放献血纪念品或者误餐费、交通费。

公民参加献血的，其所在单位应当予以支持，并可以适当给予误餐费、交通费等补贴。

第十九条 血站采集血液应当严格遵守有关操作规程和制度。采血应当由培训合格的医务人员进行，使用符合国家标准的一次性采血器材，用后依法销毁。

血站对献血者每人次采全血、单采血小板等血液成分的采集量和间隔期，应当按照国家标准执行。

为保证应急用血，医疗机构可以临时采集血液，但应当符合国务院卫生计生行政部门临时采集血液的相关规定，确保采血用血安全。

第二十条　市卫生计生行政部门应当会同公安机关、疾控中心等相关单位建立不适宜献血人员信息库，并保证不适宜献血人员信息安全。

血站应当建立献血者信息保密制度，保护献血者个人隐私。

第二十一条　市卫生计生行政部门应当根据人口流量、人口密度、年献血人次、服务区域和交通便利等情况制定献血屋设置规划，报市人民政府批准后实施。

区县（自治县）人民政府应当按照全市统一规划设置献血屋，并交由血站统一管理，无偿使用，不得改变用途。

献血屋设置标准和管理办法由市卫生计生行政部门另行制定。

第二十二条　血站可以根据需要配置流动采血车和应急送血车，并报市卫生计生行政部门备案。

公安交通、城市管理、街道办事处、商圈管委会等部门和单位应当根据血站采血的需要，在人流集中、方便献血的区域划定流动采血车临时停放点。流动采血车采血时，应当停放在划定的临时停放点。

第二十三条　市、区县（自治县）人民政府应当根据本地实际，通过购买商业保险等方式，对献血者和无过错用血感染人员开展关爱与救助活动，具体办法由市人民政府制定。

第二十四条　禁止非法组织他人出卖血液。

禁止伪造、变造、买卖、出租、出借或者使用伪造、变造的无偿献血证。

第四章　供血和用血

第二十五条　血站采集的血液必须用于临床，不得买卖。血站向医疗机构提供的血液，应当进行检测并符合国家规定的标准和要求。

临床用血的包装、储存、运输，应当严格执行国家规定的卫生标准和要求。

因科研或者特殊需要而进行血液调剂的，报市卫生计生行政部门确定。

第二十六条　医疗机构应当使用市卫生计生行政部门指定的血站提供的血液。

紧急情况下，需要跨服务区域调剂临床用血的，由市卫生计生行政部门指定临时供血的血站。

第二十七条　医疗机构及其医务人员临床用血应当遵守以下规定：

（一）严格执行临床输血技术规范，保障临床用血安全；

（二）严格掌握临床输血指征，科学制订临床输血方案；

（三）积极采用临床用血先进技术，避免浪费和滥用血液；

（四）除临床急救用血外，优先保障献血者临床用血；

（五）法律法规的其他规定。

第二十八条　公民临床用血时，只交付用于血液的采集、储存、分离、检验等费用（以下称采供血成本费用）；具体收费执行国务院卫生计生行政部门会同国务院价格主管部门制定的标准。

献血者临床用血，免交前款规定的费用。献血者的配偶、父母、子女临床用血，按照献血者献血量等量免交前款规定的费用。

第二十九条 献血者及其配偶、父母、子女免交的采供血成本费用，按照下列规定核销：

（一）在本市献血的献血者及其配偶、父母、子女在市内就诊的，采供血成本费用在就诊的医疗机构核销；

（二）在本市献血的献血者及其配偶、父母、子女在市外就诊的，采供血成本费用在发放无偿献血证的血站核销。

（三）在市外献血的献血者及其配偶、父母、子女在本市就诊的，采供血成本费用按献血地规定处理。

费用核销的具体办法，由市卫生计生行政部门会同市人力社保部门另行制定。

第五章　监督管理

第三十条 市、区县（自治县）卫生计生行政部门应当建立对血站、医疗机构的定期培训和考核制度，加强对献血法律法规、标准、技术规范贯彻执行情况的监督检查，维护献血者、用血者及其他当事人的合法权益。

第三十一条 献血工作情况应当纳入各地、各部门卫生城市（区）、文明城市（区）、文明单位创建考核评价体系。

第三十二条 市卫生计生行政部门应当建立血液工作信息化系统，实现卫生计生行政部门、血站、医疗机构、医保中心之间献血、采血、供血、用血信息的互联互通。

血液工作信息化系统管理和使用单位应当加强信息化建设，优化采血、供血、用血和费用核销管理流程，保障献血者、用血者的信息安全。

血液工作信息化系统应当向献血者开放，献血者可以通过系统查询自己的献血信息和录入本人以及配偶、父母、子女的相关信息，录入的信息作为采供血成本费用核销的依据。

第三十三条 血站应当建立健全财务管理制度，加强对收取的采供血成本费用的管理，并接受财政、审计等行政部门的监督检查。

第三十四条 血站应当建立信息公开制度，依法公开以下内容：

（一）血站及其工作人员依法执业相关信息；

（二）采血点设置、服务热线等服务信息；

（三）献血流程、费用核销流程；

（四）采供血成本费用收支等财务信息；

（五）其他依法应当公开的信息。

第三十五条 血站应当加强对工作人员的业务培训和日常管理，提高采供血服务质量。

血站工作人员上岗时，应当佩戴载有本单位名称、本人姓名及职称等执业信息的标牌，使用文明用语、规范服务行为。

第三十六条 医疗机构应当加强临床用血管理，遵守以下规定：

（一）建立并完善管理制度和工作规范；

（二）科学制定临床用血计划，将临床用血管理作为医疗质量管理的重要内容；

（三）建立临床合理用血的评价制度；

（四）法律法规的其他规定。

第三十七条 市、区县（自治县）卫生计生行政部门、血站、医疗机构应当建立采供血违法违规行为的举报、投诉制度，维护献血者及其他当事人的合法权益。

市、区县（自治县）卫生计生行政部门、血站、医疗机构接到投诉后，应当及时处理并向投诉人反馈处理情况。

第六章 法律责任

第三十八条 违反本条例规定，冒用他人名义或者雇佣他人献血的，由卫生计生行政部门处以二千元以上一万元以下的罚款；构成犯罪的，依法追究刑事责任。

第三十九条 违反本条例规定，出租、出借无偿献血证的，由卫生计生行政部门处以一千元以上五千元以下的罚款；伪造、变造、买卖或者使用伪造、变造的无偿献血证的，按照《中华人民共和国治安管理处罚法》的规定进行处罚；构成犯罪的，依法追究刑事责任。

第四十条 违反本条例规定，血站有下列行为之一的，由卫生计生行政部门责令改正；情节严重的，对负有责任的主管人员和其他直接责任人员，依法给予处分；构成犯罪的，依法追究刑事责任：

（一）泄露献血者隐私；

（二）未按照规定履行信息公开义务；

（三）向医疗机构提供不符合国家规定标准的血液。

第四十一条 违反本条例规定，医疗机构未依法执行临床用血规定的，由卫生计生行政部门责令限期改正；逾期未改正的，给予警告；情节严重的，并处一万元以上三万元以下罚款；构成犯罪的，依法追究刑事责任。

第四十二条 卫生计生行政部门、血站、医疗机构及其工作人员违反《中华人民共和国献血法》和本条例相关规定的，依照《中华人民共和国献血法》予以处罚；给献血者、用血者健康造成损害的，依法予以赔偿；对直接负责的主管人员和其他直接责任人员，依法给予处分；构成犯罪的，依法追究刑事责任。

第七章 附 则

第四十三条 军队对献血工作另有规定的，从其规定。

第四十四条 本条例自2018年6月1日施行。

（二）相关法律法规

中华人民共和国献血法

中华人民共和国主席令

（第九十三号）

《中华人民共和国献血法》已由中华人民共和国第八届全国人民代表大会常务委员会第二十九次会议于1997年12月29日通过，现予公布，自1998年10月1日起施行。

中华人民共和国主席 江泽民

1997年12月29日

中华人民共和国献血法

（1997 年 12 月 29 日第八届全国人民代表大会常务委员会第二十九次会议，通过 1997 年 12 月 29 日中华人民共和国主席令第九十三号公布，自 1998 年 10 月 1 日起施行）

第一条 为保证医疗临床用血需要和安全，保障献血者和用血者身体健康，发扬人道主义精神，促进社会主义物质文明和精神文明建设，制定本法。

第二条 国家实行无偿献血制度。

国家提倡十八周岁至五十五周岁的健康公民自愿献血。

第三条 地方各级人民政府领导本行政区域内的献血工作，统一规划并负责组织、协调有关部门共同做好献血工作。

第四条 县级以上各级人民政府卫生行政部门监督管理献血工作。

各级红十字会依法参与、推动献血工作。

第五条 各级人民政府采取措施广泛宣传献血的意义，普及献血的科学知识，开展预防和控制经血液途径传播的疾病的教育。

新闻媒介应当开展献血的社会公益性宣传。

第六条 国家机关、军队、社会团体、企业事业组织、居民委员会、村民委员会，应当动员和组织本单位或者本居住区的适龄公民参加献血。

现役军人献血的动员和组织办法，由中国人民解放军卫生主管部门制定。

对献血者，发给国务院卫生行政部门制作的无偿献血证书，有关单位可以给予适当补贴。

第七条 国家鼓励国家工作人员、现役军人和高等学校在校学生率先献血，为树立社会新风尚作表率。

第八条 血站是采集、提供临床用血的机构，是不以营利为目的的公益性组织。设立血站向公民采集血液，必须经国务院卫生行政部门或者省、自治区、直辖市人民政府卫生行政部门批准。血站应当为献血者提供各种安全、卫生、便利的条件。血站的设立条件和管理办法由国务院卫生行政部门制定。

第九条 血站对献血者必须免费进行必要的健康检查；身体状况不符合献血条件的，血站应当向其说明情况，不得采集血液。献血者的身体健康条件由国务院卫生行政部门规定。

血站对献血者每次采集血液量一般为二百毫升，最多不得超过四百毫升，两次采集间隔期不少于六个月。

严格禁止血站违反前款规定对献血者超量、频繁采集血液。

第十条 血站采集血液必须严格遵守有关操作规程和制度，采血必须由具有采血资格的医务人员进行，一次性采血器材用后必须销毁，确保献血者的身体健康。

血站应当根据国务院卫生行政部门制定的标准，保证血液质量。

血站对采集的血液必须进行检测；未经检测或者检测不合格的血液，不得向医疗机构提供。

第十一条 无偿献血的血液必须用于临床，不得买卖。血站、医疗机构不得将无偿献血的血液出售给单采血浆站或者血液制品生产单位。

第十二条 临床用血的包装、储存、运输，必须符合国家规定的卫生标准和要求。

第十三条 医疗机构对临床用血必须进行核查，不得将不符合国家规定标准的血液用于临床。

第十四条 公民临床用血时只交付用于血液的采集、储存、分离、检验等费用；具体收费标准由国务院卫生行政部门会同国务院价格主管部门制定。

无偿献血者临床需要用血时，免交前款规定的费用；无偿献血者的配偶和直系亲属临床需要用血时，可以按照省、自治区、直辖市人民政府的规定免交或者减交前款规定的费用。

第十五条 为保障公民临床急救用血的需要，国家提倡并指导择期手术的患者自身储血，动员家庭、亲友、所在单位以及社会互助献血。

为保证应急用血，医疗机构可以临时采集血液，但应当依照本法规定，确保采血用血安全。

第十六条 医疗机构临床用血应当制定用血计划，遵循合理、科学的原则，不得浪费和滥用血液。

医疗机构应当积极推行按血液成份针对医疗实际需要输血，具体管理办法由国务院卫生行政部门制定。国家鼓励临床用血新技术的研究和推广。

第十七条 各级人民政府和红十字会对积极参加献血和在献血工作中做出显著成绩的单位和个人，给予奖励。

第十八条 有下列行为之一的，由县级以上地方人民政府卫生行政部门予以取缔，没收违法所得，可以并处十万元以下的罚款；构成犯罪的，依法追究刑事责任：

（一）非法采集血液的；

（二）血站、医疗机构出售无偿献血的血液的；

（三）非法组织他人出卖血液的。

第十九条 血站违反有关操作规程和制度采集血液，由县级以上地方人民政府卫生行政部门责令改正；给献血者健康造成损害的，应当依法赔偿，对直接负责的主管人员和其他直接责任人员，依法给予行政处分；构成犯罪的，依法追究刑事责任。

第二十条 临床用血的包装、储存、运输，不符合国家规定的卫生标准和要求的，由县级以上地方人民政府卫生行政部门责令改正，给予警告，可以并处一万元以下的罚款。

第二十一条 血站违反本法的规定，向医疗机构提供不符合国家规定标准的血液的，由县级以上人民政府卫生行政部门责令改正；情节严重，造成经血液途径传播的疾病传播或者有传播严重危险的，限期整顿，对直接负责的主管人员和其他直接责任人员，依法给予行政处分；构成犯罪的，依法追究刑事责任。

第二十二条 医疗机构的医务人员违反本法规定，将不符合国家规定标准的血液用于患者的，由县级以上地方人民政府卫生行政部门责令改正；给患者健康造成损害的，应当依法赔偿，对直接负责的主管人员和其他直接责任人员，依法给予行政处分；构成犯罪的，依法追究刑事责任。

第二十三条 卫生行政部门及其工作人员在献血、用血的监督管理工作中，玩忽职守，造成严重后果，构成犯罪的，依法追究刑事责任；尚不构成犯罪的，依法给予行政处分。

第二十四条 本法自1998年10月1日起施行。

血站管理办法

中华人民共和国卫生部令
第 44 号

《血站管理办法》已经卫生部部务会议讨论通过，现予以发布，自 2006 年 3 月 1 日起施行。

部长　高强

二〇〇五年十一月十七日

血站管理办法

第一章　总　则

第一条　为了确保血液安全，规范血站执业行为，促进血站的建设与发展，根据《献血法》制定本办法。

第二条　本办法所称血站是指不以营利为目的，采集、提供临床用血的公益性卫生机构。

第三条　血站分为一般血站和特殊血站。

一般血站包括血液中心、中心血站和中心血库。

特殊血站包括脐带血造血干细胞库和卫生部根据医学发展需要批准、设置的其他类型血库。

第四条　血液中心、中心血站和中心血库由地方人民政府设立。

血站的建设和发展纳入当地国民经济和社会发展计划。

第五条　卫生部根据全国医疗资源配置、临床用血需求，制定全国采供血机构设置规划指导原则，并负责全国血站建设规划的指导。

省、自治区、直辖市人民政府卫生行政部门应当根据前款规定，结合本行政区域人口、医疗资源、临床用血需求等实际情况和当地区域卫生发展规划，制定本行政区域血站设置规划，报同级人民政府批准，并报卫生部备案。

第六条 卫生部主管全国血站的监督管理工作。

县级以上地方人民政府卫生行政部门负责本行政区域内血站的监督管理工作。

第七条 鼓励和支持开展血液应用研究和技术创新工作，以及与临床输血有关的科学技术的国际交流与合作。

第二章 一般血站管理

第一节 设置、职责与执业登记

第八条 血液中心应当设置在直辖市、省会市、自治区首府市。其主要职责是：

（一）按照省级人民政府卫生行政部门的要求，在规定范围内开展无偿献血者的招募、血液的采集与制备、临床用血供应以及医疗用血的业务指导等工作；

（二）承担所在省、自治区、直辖市血站的质量控制与评价；

（三）承担所在省、自治区、直辖市血站的业务培训与技术指导；

（四）承担所在省、自治区、直辖市血液的集中化检测任务；

（五）开展血液相关的科研工作；

（六）承担卫生行政部门交办的任务。

血液中心应当具有较高综合质量评价的技术能力。

第九条 中心血站应当设置在设区的市。其主要职责是：

（一）按照省级人民政府卫生行政部门的要求，在规定范围内开展无偿献血者的招募、血液的采集与制备、临床用血供应以及医疗用血的业务指导等工作；

（二）承担供血区域范围内血液储存的质量控制；

（三）对所在行政区域内的中心血库进行质量控制；

（四）承担卫生行政部门交办的任务。

直辖市、省会市、自治区首府市已经设置血液中心的，不再设置中心血站；尚未设置血液中心的，可以在已经设置的中心血站基础上加强能力建设，履行血液中心的职责。

第十条　中心血库应当设置在中心血站服务覆盖不到的县级综合医院内。其主要职责是，按照省级人民政府卫生行政部门的要求，在规定范围内开展无偿献血者的招募、血液的采集与制备、临床用血供应以及医疗用血业务指导等工作。

第十一条　省、自治区、直辖市人民政府卫生行政部门依据采供血机构设置规划批准设置血站，并报卫生部备案。

省、自治区、直辖市人民政府卫生行政部门负责明确辖区内各级卫生行政部门监管责任和血站的职责；根据实际供血距离与能力等情况，负责划定血站采供血服务区域，采供血服务区域可以不受行政区域的限制。

同一行政区域内不得重复设置血液中心、中心血站。

血站与单采血浆站不得在同一县级行政区域内设置。

第十二条　省、自治区、直辖市人民政府卫生行政部门应当统一规划、设置集中化检测实验室，并逐步实施。

第十三条　血站开展采供血活动，应当向所在省、自治区、直辖市人民政府卫生行政部门申请办理执业登记，取得《血站执业许可证》。没有取得《血站执业许可证》的，不得开展采供血活动。

《血站执业许可证》有效期为三年。

第十四条 血站申请办理执业登记必须填写《血站执业登记申请书》。

省级人民政府卫生行政部门在受理血站执业登记申请后，应当组织有关专家或者委托技术部门，根据《血站质量管理规范》和《血站实验室质量管理规范》，对申请单位进行技术审查，并提交技术审查报告。省级人民政府卫生行政部门应当在接到专家或者技术部门的技术审查报告后二十日内对申请事项进行审核。审核合格的，予以执业登记，发给卫生部统一样式的《血站执业许可证》及其副本。

第十五条 有下列情形之一的，不予执业登记：

（一）《血站质量管理规范》技术审查不合格的；

（二）《血站实验室质量管理规范》技术审查不合格的；

（三）血液质量检测结果不合格的。

执业登记机关对审核不合格、不予执业登记的，将结果和理由以书面形式通知申请人。

第十六条 《血站执业许可证》有效期满前三个月，血站应当办理再次执业登记，并提交《血站再次执业登记申请书》及《血站执业许可证》。

省级人民政府卫生行政部门应当根据血站业务开展和监督检查情况进行审核，审核合格的，予以继续执业。未通过审核的，责令其限期整改；经整改仍审核不合格的，注销其《血站执业许可证》。

未办理再次执业登记手续或者被注销《血站执业许可证》的血站，不得继续执业。

第十七条 血站因采供血需要，在规定的服务区域内设置分支机构，应当报所在省、自治区、直辖市人民政府卫生行政部门批准；设置固定采血点（室）或者流动采血车的，应当报省、自治区、直辖市人民政府卫生行政部门备案。

为保证辖区内临床用血需要，血站可以设置储血点储存血液。储血点应当具备必要的储存条件，并由省级卫生行政部门批准。

第十八条 根据规划予以撤销的血站，应当在撤销后十五日内向执业登记机关申请办理注销执业登记。逾期不办理的，由执业登记机关依程序予以注销，并收回《血站执业许可证》及其副本和全套印章。

第二节 执 业

第十九条 血站执业，应当遵守有关法律、行政法规、规章和技术规范。

第二十条 血站应当根据医疗机构临床用血需求，制定血液采集、制备、供应计划，保障临床用血安全、及时、有效。

第二十一条 血站应当开展无偿献血宣传。血站开展献血者招募，应当为献血者提供安全、卫生、便利的条件和良好的服务。

第二十二条 血站应当按照国家有关规定对献血者进行健康检查和血液采集。

血站采血前应当对献血者身份进行核对并进行登记。

严禁采集冒名顶替者的血液。严禁超量、频繁采集血液。

血站不得采集血液制品生产用原料血浆。

第二十三条 献血者应当按照要求出示真实的身份证明。

任何单位和个人不得组织冒名顶替者献血。

第二十四条 血站采集血液应当遵循自愿和知情同意的原则，并对献血者履行规定的告知义务。

血站应当建立献血者信息保密制度，为献血者保密。

第二十五条 血站应当建立对有易感染经血液传播疾病危险行为的献血者献血后的报告工作程序、献血屏蔽和淘汰制度。

第二十六条 血站开展采供血业务应当实行全面质量管理，严格遵守《中国输血技术操作规程》《血站质量管理规范》和《血站实验室质量规范》等技术规范和标准。

血站应当建立人员岗位责任制度和采供血管理相关工作制度，并定期检查、考核各项规章制度和各级各类人员岗位责任制的执行和落实情况。

第二十七条 血站工作人员应当符合岗位执业资格的规定，并接受血液安全和业务岗位培训与考核，领取岗位培训合格证书后方可上岗。

血站工作人员每人每年应当接受不少于75学时的岗位继续教育。

岗位培训与考核由省级以上人民政府卫生行政部门负责组织实施。

第二十八条 血站各业务岗位工作记录应当内容真实、项目完整、格式规范、字迹清楚、记录及时，有操作者签名。

记录内容需要更改时，应当保持原记录内容清晰可辨，注明更改内容、原因和日期，并在更改处签名。

献血、检测和供血的原始记录应当至少保存十年，法律、行政法规和卫生部另有规定的，依照有关规定执行。

第二十九条 血站应当保证所采集的血液由具有血液检测

实验室资格的实验室进行检测。

对检测不合格或者报废的血液，血站应当严格按照有关规定处理。

第三十条　血站应当制定实验室室内质控与室间质评制度，确保试剂、卫生器材、仪器、设备在使用过程中能达到预期效果。

血站的实验室应当配备必要的生物安全设备和设施，并对工作人员进行生物安全知识培训。

第三十一条　血液检测的全血标本的保存期应当与全血有效期相同；血清（浆）标本的保存期应当在全血有效期满后半年。

第三十二条　血站应当加强消毒、隔离工作管理，预防和控制感染性疾病的传播。

血站产生的医疗废物应当按《医疗废物管理条例》规定处理，做好记录与签字，避免交叉感染。

第三十三条　血站及其执行职务的人员发现法定传染病疫情时，应当按照《传染病防治法》和卫生部的规定向有关部门报告。

第三十四条　血液的包装、储存、运输应当符合《血站质量管理规范》的要求。血液包装袋上应当标明：

（一）血站的名称及其许可证号；

（二）献血编号或者条形码；

（三）血型；

（四）血液品种；

（五）采血日期及时间或者制备日期及时间；

（六）有效日期及时间；

（七）储存条件。

第三十五条 血站应当保证发出的血液质量符合国家有关标准，其品种、规格、数量、活性、血型无差错；未经检测或者检测不合格的血液，不得向医疗机构提供。

第三十六条 血站应当建立质量投诉、不良反应监测和血液收回制度。

第三十七条 血站应当加强对其所设储血点的质量监督，确保储存条件，保证血液储存质量；按照临床需要进行血液储存和调换。

第三十八条 血站使用的药品、体外诊断试剂、一次性卫生器材应当符合国家有关规定。

第三十九条 血站应当按照有关规定，认真填写采供血机构统计报表，及时准确上报。

第四十条 血站应当制定紧急灾害应急预案，并从血源、管理制度、技术能力和设备条件等方面保证预案的实施。在紧急灾害发生时服从县级以上人民政府卫生行政部门的调遣。

第四十一条 特殊血型的血液需要从外省、自治区、直辖市调配的，由省级人民政府卫生行政部门批准。

因科研或者特殊需要而进行血液调配的，由省级人民政府卫生行政部门批准。

出于人道主义、救死扶伤的目的，需要向中国境外医疗机构提供血液及特殊血液成分的，应当严格按照有关规定办理手续。

第四十二条 无偿献血的血液必须用于临床，不得买卖。

血站剩余成分血浆由省、自治区、直辖市人民政府卫生行政部门协调血液制品生产单位解决。

第四十三条　血站必须严格执行国家有关报废血处理和有易感染经血液传播疾病危险行为的献血者献血后保密性弃血处理的规定。

第四十四条　血站剩余成分血浆以及因科研或者特殊需要用血而进行的调配所得的收入，全部用于无偿献血者用血返还费用，血站不得挪作他用。

第三章　特殊血站管理

第四十五条　卫生部根据全国人口分布、卫生资源、临床造血干细胞移植需要等实际情况，统一制定我国脐带血造血干细胞库等特殊血站的设置规划和原则。

国家不批准设置以营利为目的的脐带血造血干细胞库等特殊血站。

第四十六条　申请设置脐带血造血干细胞库等特殊血站的，应当按照卫生部规定的条件向所在地省级人民政府卫生行政部门申请。省级人民政府卫生行政部门组织初审后报卫生部。卫生部对脐带血造血干细胞库等特殊血站设置审批按照申请的先后次序进行。

第四十七条　脐带血造血干细胞库等特殊血站执业，应当向所在地省级人民政府卫生行政部门申请办理执业登记。

省级卫生行政部门应当组织有关专家和技术部门，按照本办法和卫生部制定的脐带血造血干细胞库等特殊血站的基本标准、技术规范，对申请单位进行技术审查及执业验收。审查合格的，发给《血站执业许可证》，并注明开展的业务。《血站执业许可证》有效期为三年。

未取得《血站执业许可证》的，不得开展采供脐带血造血干细胞等业务。

第四十八条 脐带血造血干细胞库等特殊血站在《血站执业许可证》有效期满后继续执业的，应当在《血站执业许可证》有效期满前三个月向原执业登记的省级人民政府卫生行政部门申请办理再次执业登记手续。

第四十九条 脐带血造血干细胞库等特殊血站执业除应当遵守本办法第二章第二节一般血站的执业要求外，还应当遵守以下规定：

（一）按照卫生部规定的脐带血造血干细胞库等特殊血站的基本标准、技术规范等执业；

（二）脐带血等特殊血液成分的采集必须符合医学伦理的有关要求，并遵循自愿和知情同意的原则。脐带血造血干细胞库必须与捐献者签署经执业登记机关审核的知情同意书；

（三）脐带血造血干细胞库等特殊血站只能向有造血干细胞移植经验和基础，并装备有造血干细胞移植所需的无菌病房和其他必须设施的医疗机构提供脐带血造血干细胞；

（四）出于人道主义、救死扶伤的目的，必须向境外医疗机构提供脐带血造血干细胞等特殊血液成分的，应当严格按照国家有关人类遗传资源管理规定办理手续；

（五）脐带血等特殊血液成分必须用于临床。

第四章　监督管理

第五十条　县级以上人民政府卫生行政部门对采供血活动履行下列职责：

（一）制定临床用血储存、配送管理办法，并监督实施；

（二）对下级卫生行政部门履行本办法规定的血站管理职责进行监督检查；

（三）对辖区内血站执业活动进行日常监督检查，组织开展对采供血质量的不定期抽检；

（四）对辖区内临床供血活动进行监督检查；

（五）对违反本办法的行为依法进行查处。

第五十一条　各级人民政府卫生行政部门应当对无偿献血者的招募、采血、供血活动予以支持、指导。

第五十二条　省级人民政府卫生行政部门应当对本辖区内的血站执行有关规定情况和无偿献血比例、采供血服务质量、业务指导、人员培训、综合质量评价技术能力等情况进行评价及监督检查，按照卫生部的有关规定将结果上报，同时向社会公布。

第五十三条　卫生部定期对血液中心执行有关规定情况和无偿献血比例、采供血服务质量、业务指导、人员培训、综合质量评价技术能力等情况以及脐带血造血干细胞库等特殊血站的质量管理状况进行评价及监督检查，并将结果向社会公布。

第五十四条　卫生行政部门在进行监督检查时，有权索取有关资料，血站不得隐瞒、阻碍或者拒绝。

卫生行政部门对血站提供的资料负有保密的义务，法律、行政法规或者部门规章另有规定的除外。

第五十五条 卫生行政部门和工作人员在履行职责时，不得有以下行为：

（一）对不符合法定条件的，批准其设置、执业登记或者变更登记，或者超越职权批准血站设置、执业登记或者变更登记；

（二）对符合法定条件和血站设置规划的，不予批准其设置、执业登记或者变更登记；或者不在法定期限内批准其设置、执业登记或者变更登记；

（三）对血站不履行监督管理职责；

（四）其他违反本办法的行为。

第五十六条 各级人民政府卫生行政部门应当建立血站监督管理的举报、投诉机制。

卫生行政部门对举报人和投诉人负有保密的义务。

第五十七条 国家实行血液质量监测、检定制度，对血站质量管理、血站实验室质量管理实行技术评审制度，具体办法由卫生部另行制定。

第五十八条 血站有下列情形之一的，由省级人民政府卫生行政部门注销其《血站执业许可证》：

（一）《血站执业许可证》有效期届满未办理再次执业登记的；

（二）取得《血站执业许可证》后一年内未开展采供血工作的。

第五章 法律责任

第五十九条 有下列行为之一的，属于非法采集血液，由县级以上地方人民政府卫生行政部门按照《献血法》第十八条的有关规定予以处罚；构成犯罪的，依法追究刑事责任：

（一）未经批准，擅自设置血站，开展采供血活动的；

（二）已被注销的血站，仍开展采供血活动的；

（三）已取得设置批准但尚未取得《血站执业许可证》即开展采供血活动，或者《血站执业许可证》有效期满未再次登记仍开展采供血活动的；

（四）租用、借用、出租、出借、变造、伪造《血站执业许可证》开展采供血活动的。

第六十条 血站出售无偿献血血液的，由县级以上地方人民政府卫生行政部门按照《献血法》第十八条的有关规定，予以处罚；构成犯罪的，依法追究刑事责任。

第六十一条 血站有下列行为之一的，由县级以上地方人民政府卫生行政部门予以警告、责令改正；逾期不改正，或者造成经血液传播疾病发生，或者其他严重后果的，对负有责任的主管人员和其他直接负责人员，依法给予行政处分；构成犯罪的，依法追究刑事责任：

（一）超出执业登记的项目、内容、范围开展业务活动的；

（二）工作人员未取得相关岗位执业资格或者未经执业注册而从事采供血工作的；

（三）血液检测实验室未取得相应资格即进行检测的；

（四）擅自采集原料血浆、买卖血液的；

（五）采集血液前，未按照国家颁布的献血者健康检查要求对献血者进行健康检查、检测的；

（六）采集冒名顶替者、健康检查不合格者血液以及超量、频繁采集血液的；

（七）违反输血技术操作规程、有关质量规范和标准的；

（八）采血前未向献血者、特殊血液成分捐赠者履行规定的告知义务的；

（九）擅自涂改、毁损或者不按规定保存工作记录的；

（十）使用的药品、体外诊断试剂、一次性卫生器材不符合国家有关规定的；

（十一）重复使用一次性卫生器材的；

（十二）对检测不合格或者报废的血液，未按有关规定处理的；

（十三）未经批准擅自与外省、自治区、直辖市调配血液的；

（十四）未经批准向境外医疗机构提供血液或者特殊血液成分的；

（十五）未按规定保存血液标本的；

（十六）脐带血造血干细胞库等特殊血站违反有关技术规范的。血站造成经血液传播疾病发生或者其他严重后果的，卫生行政部门在行政处罚的同时，可以注销其《血站执业许可证》。

第六十二条 临床用血的包装、储存、运输，不符合国家规定的卫生标准和要求的，由县级以上地方人民政府卫生行政部门责令改正，给予警告。

第六十三条 血站违反规定，向医疗机构提供不符合国家规定标准的血液的，由县级以上人民政府卫生行政部门责令改正；情节严重，造成经血液途径传播的疾病传播或者有传播严重危险的，限期整顿，对直接负责的主管人员和其他责任人员，依法给予行政处分；构成犯罪的，依法追究刑事责任。

第六十四条 卫生行政部门及其工作人员违反本办法有关规定，有下列情形之一的，依据《献血法》《行政许可法》的有关规定，由上级行政机关或者监察机关责令改正；情节严重的，对直接负责的主管人员和其他直接责任人员依法给予行政处分；构成犯罪的，依法追究刑事责任：

（一）未按规定的程序审查而使不符合条件的申请者得到许可的；

（二）对不符合条件的申请者准予许可或者超越法定职权作出准予许可决定的；

（三）在许可审批过程中弄虚作假的；

（四）对符合条件的设置及执业登记申请不予受理的；

（五）对符合条件的申请不在法定期限内作出许可决定的；

（六）不依法履行监督职责，或者监督不力造成严重后果的；

（七）其他在执行本办法过程中，存在滥用职权，玩忽职守，徇私舞弊，索贿受贿等行为的。

第六章 附 则

第六十五条 本办法下列用语的含义：

血液，是指全血、血液成分和特殊血液成分。

脐带血，是指与孕妇和新生儿血容量和血循环无关的，由新生儿脐带扎断后的远端所采集的胎盘血。

脐带血造血干细胞库，是指以人体造血干细胞移植为目的，具有采集、处理、保存和提供造血干细胞的能力，并具有相当研究实力的特殊血站。

第六十六条 本办法实施前已经设立的血站应当在本办法实施后九个月内，依照本办法规定进行调整。

省级人民政府卫生行政部门应当按照血液中心标准对现有血液中心进行审核，未达到血液中心标准的，应当责令限期整改。整改仍不合格的，卫生行政部门应当取消血液中心设置。对符合中心血站执业标准的，按照中心血站标准审核设置与执业登记。

第六十七条 本办法自 2006 年 3 月 1 日起施行。1998 年 9 月 21 日颁布的《血站管理办法》（暂行）同时废止。

中华人民共和国卫生部令

第 85 号

《医疗机构临床用血管理办法》已于 2012 年 3 月 19 日经卫生部部务会议审议通过，现予以公布，自 2012 年 8 月 1 日起施行。

部长　陈竺

二〇一二年六月七日

医疗机构临床用血管理办法

第一章 总 则

第一条 为加强医疗机构临床用血管理，推进临床科学合理用血，保护血液资源，保障临床用血安全和医疗质量，根据《中华人民共和国献血法》，制定本办法。

第二条 卫生部负责全国医疗机构临床用血的监督管理。县级以上地方人民政府卫生行政部门负责本行政区域医疗机构临床用血的监督管理。

第三条 医疗机构应当加强临床用血管理，将其作为医疗质量管理的重要内容，完善组织建设，建立健全岗位责任制，制定并落实相关规章制度和技术操作规程。

第四条 本办法适用于各级各类医疗机构的临床用血管理工作。

第二章 组织与职责

第五条 卫生部成立临床用血专家委员会，其主要职责是：

（一）协助制订国家临床用血相关制度、技术规范和标准；

（二）协助指导全国临床用血管理和质量评价工作，促进提高临床合理用血水平；

（三）协助临床用血重大安全事件的调查分析，提出处理意见；

（四）承担卫生部交办的有关临床用血管理的其他任务。

卫生部建立协调机制，做好临床用血管理工作，提高临床合理用血水平，保证输血治疗质量。

第六条 各省、自治区、直辖市人民政府卫生行政部门成立省级临床用血质量控制中心，负责辖区内医疗机构临床用血管理的指导、评价和培训等工作。

第七条 医疗机构应当加强组织管理，明确岗位职责，健全管理制度。

医疗机构法定代表人为临床用血管理第一责任人。

第八条 二级以上医院和妇幼保健院应当设立临床用血管理委员会，负责本机构临床合理用血管理工作。主任委员由院长或者分管医疗的副院长担任，成员由医务部门、输血科、麻醉科、开展输血治疗的主要临床科室、护理部门、手术室等部门负责人组成。医务、输血部门共同负责临床合理用血日常管理工作。

其他医疗机构应当设立临床用血管理工作组，并指定专（兼）职人员负责日常管理工作。

第九条 临床用血管理委员会或者临床用血管理工作组应当履行以下职责：

（一）认真贯彻临床用血管理相关法律、法规、规章、技术规范和标准，制订本机构临床用血管理的规章制度并监督实施；

（二）评估确定临床用血的重点科室、关键环节和流程；

（三）定期监测、分析和评估临床用血情况，开展临床用血质量评价工作，提高临床合理用血水平；

（四）分析临床用血不良事件，提出处理和改进措施；

（五）指导并推动开展自体输血等血液保护及输血新技术；

（六）承担医疗机构交办的有关临床用血的其他任务。

第十条 医疗机构应当根据有关规定和临床用血需求设置输血科或者血库，并根据自身功能、任务、规模，配备与输血工作相适应的专业技术人员、设施、设备。

不具备条件设置输血科或者血库的医疗机构，应当安排专（兼）职人员负责临床用血工作。

第十一条 输血科及血库的主要职责是：

（一）建立临床用血质量管理体系，推动临床合理用血；

（二）负责制订临床用血储备计划，根据血站供血的预警信息和医院的血液库存情况协调临床用血；

（三）负责血液预订、入库、储存、发放工作；

（四）负责输血相关免疫血液学检测；

（五）参与推动自体输血等血液保护及输血新技术；

（六）参与特殊输血治疗病例的会诊，为临床合理用血提供咨询；

（七）参与临床用血不良事件的调查；

（八）根据临床治疗需要，参与开展血液治疗相关技术；

（九）承担医疗机构交办的有关临床用血的其他任务。

第三章　临床用血管理

第十二条　医疗机构应当加强临床用血管理，建立并完善管理制度和工作规范，并保证落实。

第十三条　医疗机构应当使用卫生行政部门指定血站提供的血液。

医疗机构科研用血由所在地省级卫生行政部门负责核准。

医疗机构应当配合血站建立血液库存动态预警机制，保障临床用血需求和正常医疗秩序。

第十四条　医疗机构应当科学制订临床用血计划，建立临床合理用血的评价制度，提高临床合理用血水平。

第十五条　医疗机构应当对血液预订、接收、入库、储存、出库及库存预警等进行管理，保证血液储存、运送符合国家有关标准和要求。

第十六条　医疗机构接收血站发送的血液后，应当对血袋标签进行核对。符合国家有关标准和要求的血液入库，做好登记；并按不同品种、血型和采血日期（或有效期），分别有序存放于专用储藏设施内。

血袋标签核对的主要内容是：

（一）血站的名称；

（二）献血编号或者条形码、血型；

（三）血液品种；

（四）采血日期及时间或者制备日期及时间；

（五）有效期及时间；

（六）储存条件。

禁止将血袋标签不合格的血液入库。

第十七条 医疗机构应当在血液发放和输血时进行核对，并指定医务人员负责血液的收领、发放工作。

第十八条 医疗机构的储血设施应当保证运行有效，全血、红细胞的储藏温度应当控制在 2～6 ℃，血小板的储藏温度应当控制在 20～24 ℃。储血保管人员应当做好血液储藏温度的 24 小时监测记录。储血环境应当符合卫生标准和要求。

第十九条 医务人员应当认真执行临床输血技术规范，严格掌握临床输血适应证，根据患者病情和实验室检测指标，对输血指证进行综合评估，制订输血治疗方案。

第二十条 医疗机构应当建立临床用血申请管理制度。

同一患者一天申请备血量少于 800 毫升的，由具有中级以上专业技术职务任职资格的医师提出申请，上级医师核准签发后，方可备血。

同一患者一天申请备血量在 800 毫升至 1 600 毫升的，由具有中级以上专业技术职务任职资格的医师提出申请，经上级医师审核，科室主任核准签发后，方可备血。

同一患者一天申请备血量达到或超过 1 600 毫升的，由具有中级以上专业技术职务任职资格的医师提出申请，科室主任核准签发后，报医务部门批准，方可备血。

以上第二款、第三款和第四款规定不适用于急救用血。

第二十一条 在输血治疗前，医师应当向患者或者其近亲属说明输血目的、方式和风险，并签署临床输血治疗知情同意书。

因抢救生命垂危的患者需要紧急输血，且不能取得患者或者其近亲属意见的，经医疗机构负责人或者授权的负责人批准后，可以立即实施输血治疗。

第二十二条　医疗机构应当积极推行节约用血的新型医疗技术。

三级医院、有条件的二级医院和妇幼保健院应当开展自体输血技术，建立并完善管理制度和技术规范，提高合理用血水平，保证医疗质量和安全。

医疗机构应当动员符合条件的患者接受自体输血技术，提高输血治疗效果和安全性。

第二十三条　医疗机构应当积极推行成分输血，保证医疗质量和安全。

第二十四条　医疗机构应当加强无偿献血知识的宣传教育工作，规范开展互助献血工作。

血站负责互助献血血液的采集、检测及用血者血液调配等工作。

第二十五条　医疗机构应当根据国家有关法律法规和规范建立临床用血不良事件监测报告制度。临床发现输血不良反应后，应当积极救治患者，及时向有关部门报告，并做好观察和记录。

第二十六条　各省、自治区、直辖市人民政府卫生行政部门应当制订临床用血保障措施和应急预案，保证自然灾害、突发事件等大量伤员和特殊病例、稀缺血型等应急用血的供应和安全。

因应急用血或者避免血液浪费，在保证血液安全的前提下，经省、自治区、直辖市人民政府卫生行政部门核准，医疗机构之间可以调剂血液。具体方案由省级卫生行政部门制订。

第二十七条 省、自治区、直辖市人民政府卫生行政部门应当加强边远地区医疗机构临床用血保障工作，科学规划和建设中心血库与储血点。

医疗机构应当制订应急用血工作预案。为保证应急用血，医疗机构可以临时采集血液，但必须同时符合以下条件：

（一）危及患者生命，急需输血；

（二）所在地血站无法及时提供血液，且无法及时从其他医疗机构调剂血液，而其他医疗措施不能替代输血治疗；

（三）具备开展交叉配血及乙型肝炎病毒表面抗原、丙型肝炎病毒抗体、艾滋病病毒抗体和梅毒螺旋体抗体的检测能力；

（四）遵守采供血相关操作规程和技术标准。

医疗机构应当在临时采集血液后10日内将情况报告县级以上人民政府卫生行政部门。

第二十八条 医疗机构应当建立临床用血医学文书管理制度，确保临床用血信息客观真实、完整、可追溯。医师应当将患者输血适应证的评估、输血过程和输血后疗效评价情况记入病历；临床输血治疗知情同意书、输血记录单等随病历保存。

第二十九条 医疗机构应当建立培训制度，加强对医务人员临床用血和无偿献血知识的培训，将临床用血相关知识培训纳入继续教育内容。新上岗医务人员应当接受岗前临床用血相关知识培训及考核。

第三十条 医疗机构应当建立科室和医师临床用血评价及公示制度。将临床用血情况纳入科室和医务人员工作考核指标体系。

禁止将用血量和经济收入作为输血科或者血库工作的考核指标。

第四章　监督管理

第三十一条　县级以上地方人民政府卫生行政部门应当加强对本行政区域内医疗机构临床用血情况的督导检查。

第三十二条　县级以上地方人民政府卫生行政部门应当建立医疗机构临床用血评价制度，定期对医疗机构临床用血工作进行评价。

第三十三条　县级以上地方人民政府卫生行政部门应当建立临床合理用血情况排名、公布制度。对本行政区域内医疗机构临床用血量和不合理使用等情况进行排名，将排名情况向本行政区域内的医疗机构公布，并报上级卫生行政部门。

第三十四条　县级以上地方人民政府卫生行政部门应当将医疗机构临床用血情况纳入医疗机构考核指标体系；将临床用血情况作为医疗机构评审、评价重要指标。

第五章　法律责任

第三十五条　医疗机构有下列情形之一的，由县级以上人民政府卫生行政部门责令限期改正；逾期不改的，进行通报批评，并予以警告；情节严重或者造成严重后果的，可处 3 万元以下的罚款，对负有责任的主管人员和其他直接责任人员依法给予处分：

（一）未设立临床用血管理委员会或者工作组的；

（二）未拟定临床用血计划或者一年内未对计划实施情况进行评估和考核的；

（三）未建立血液发放和输血核对制度的；

（四）未建立临床用血申请管理制度的；

（五）未建立医务人员临床用血和无偿献血知识培训制度的；

（六）未建立科室和医师临床用血评价及公示制度的；

（七）将经济收入作为对输血科或者血库工作的考核指标的；

（八）违反本办法的其他行为。

第三十六条 医疗机构使用未经卫生行政部门指定的血站供应的血液的，由县级以上地方人民政府卫生行政部门给予警告，并处3万元以下罚款；情节严重或者造成严重后果的，对负有责任的主管人员和其他直接责任人员依法给予处分。

第三十七条 医疗机构违反本办法关于应急用血采血规定的，由县级以上人民政府卫生行政部门责令限期改正，给予警告；情节严重或者造成严重后果的，处3万元以下罚款，对负有责任的主管人员和其他直接责任人员依法给予处分。

第三十八条 医疗机构及其医务人员违反本法规定，将不符合国家规定标准的血液用于患者的，由县级以上地方人民政府卫生行政部门责令改正；给患者健康造成损害的，应当依据国家有关法律法规进行处理，并对负有责任的主管人员和其他直接责任人员依法给予处分。

第三十九条 县级以上地方卫生行政部门未按照本办法规定履行监管职责，造成严重后果的，对直接负责的主管人员和其他直接责任人员依法给予记大过、降级、撤职、开除等行政处分。

第四十条 医疗机构及其医务人员违反临床用血管理规定，构成犯罪的，依法追究刑事责任。

第六章 附 则

第四十一条 本办法自2012年8月1日起施行。卫生部于1999年1月5日公布的《医疗机构临床用血管理办法（试行）》同时废止。

参考法律法规目录

1.《中华人民共和国献血法》

2.《中华人民共和国红十字会法》

3.《中华人民共和国公益事业捐赠法》

4.《中华人民共和国刑法》

5.《中华人民共和国治安管理处罚法》

6.《志愿服务条例》（国务院令第685号）

7.《政府信息公开条例》

8.《血站管理办法》（卫生部令第44号）

9.《医疗机构临床用血管理办法》（卫生部令第85号）

10.《单采血浆站管理办法》

11.《医疗机构投诉管理办法》

12.《事业单位财务规则》

13.《脐带血造血干细胞库管理办法（试行）》

14.《重庆市规范行政处罚裁量权办法》（渝府令〔2010〕238号）

15.《最高人民法院、最高人民检察院关于办理非法采供血液等刑事案件具体应用法律若干问题的解释》（法释〔2008〕

12 号）

16.《最高人民检察院、公安部关于公安机关管辖的刑事案件立案追诉标准的规定（一）》

17.《最高人民检察院关于渎职侵权犯罪案件立案标准的规定》（高检发释字〔2006〕2 号）

18.《国家卫生计生委、中国红十字会总会、总后勤部卫生部关于印发〈全国无偿献血表彰奖励办法（2014 年修订）〉的通知》（国卫医发〔2014〕30 号）

19.《国家卫生健康关于印发血站技术操作规程（2019 版）的通知》（国卫医函〔2019〕98 号）

20.《国家卫生计生委关于印发血站技术操作规程（2015 版）的通知》（国卫医发〔2015〕95 号）

21.《国家卫生和计划生育委员会、国家中医药管理局、中国红十字会总会等关于进一步加强血液管理工作的意见》（国卫医发〔2015〕68 号）

22.《卫生部、国家中医药管理局关于加强卫生信息化建设的指导意见》（卫办发〔2012〕38 号）

23.《卫生部关于加强血站信息公开工作的通知》（卫医政发〔2012〕37 号）

24.《卫生部关于印发〈临床输血技术规范〉的通知》（国卫医发〔2000〕184 号）

25.《国家计委、卫生部关于公民临床用血收费标准的通知》（计价格〔1998〕1982 号）

26.《关于调整公民临床用血收费标准的通知》（卫规财发〔2005〕437 号）

27.《卫生部办公厅关于做好方便无偿献血者及相关人员异

地用血工作的通知》（卫办医政函〔2012〕427号）

28.《国家卫生和计划生育委员会关于印发血站设置规划指导原则的通知》（卫计生发〔2013〕23号）

29.《关于做好血站核酸检测工作的通知》（国卫办医发〔2015〕11号）

30.《国家卫生和计划生育委员会关于印发全面推进血站核酸检测工作实施方案（2013—2015年）的通知》（卫计生发〔2013〕22号）

31.《卫生部关于印发〈血站实验室质量管理规范〉的通知》（卫医发〔2006〕167号）

32.《卫生部关于印发〈血站质量管理规范〉的通知》（卫医发〔2006〕167号）

33.《卫生部关于限期停止有偿机采血小板的通知》（卫医发〔2006〕318号）

34.《卫生部关于对非法采供血液和单采血浆、非法行医专项整治工作中有关法律适用问题的批复》（卫政法发〔2004〕224号）

35.《国家卫生计生委关于修订〈单采血浆站管理办法〉的决定》（国家卫生计生委令第6号）

36.《关于单采血浆站管理有关事项的通知》（卫医政发〔2012〕5号）

37.《卫生部办公厅关于明确单采血浆时间间隔有关问题的通知》（卫办医政函〔2011〕255号）

38.《国家食品药品监督管理总局关于血站监管有关问题的批复》（国食药监市〔2007〕533号）

39.《卫生部关于印发〈单采血浆站质量管理规范〉的通

知》（卫医发〔2006〕377 号）

40.《关于联合印发〈关于单采血浆站转制的工作方案〉的通知》（卫医发〔2006〕118 号）

41.《关于促进单采血浆站健康发展的意见》（国卫医发〔2016〕66 号）

42.《关于进一步加强非法采供血液和单采血浆案件查办工作的通知》（卫监督发〔2004〕382 号）

43.《卫生部关于实行原料血浆采集报告制度的通知》（卫医发〔2000〕268 号）

44.《国家卫生计生委关于延长脐带血造血干细胞库规划设置时间的通知》（国卫医发〔2015〕99 号）

45.《卫生部关于统一核发血液制品生产批准文号有关问题的通知》（卫药发〔1994〕第 18 号）

46.《关于成立中国红十字无偿献血志愿服务总队的决定》（红办字〔2009〕49 号）

47.《重庆市物价局重庆市卫生局关于新增公民临床用血规格价格的通知》（渝价〔2001〕349 号）

48.《重庆市卫生局重庆市物价局关于贯彻卫生部国家发改委调整公民临床用血收费标准的通知》（渝卫财〔2006〕20 号）

49.《重庆市卫生和计划生育委员会重庆市财政局重庆市人力资源和社会保障局关于印发〈重庆市无偿献血采供血成本费核销办法（试行）〉的通知》（渝卫发〔2018〕24 号）

50.《重庆市卫生和计划生育委员会关于印发重庆市卫生计生行政处罚裁量权实施办法的通知》（渝卫发〔2017〕51 号）

51.《关于进一步加强无偿献血工作的通知》（卫医政发

〔2011〕46 号）

52.《关于印发〈全国无偿献血表彰奖励办法（2014 年修订）〉的通知》（国卫医发〔2014〕30 号）

53.《输血医学常用术语》（WS/T 203—2001）

54.《血液储存要求》（WS 399—2012）

55.《献血场所配置要求》（WS/T 401—2012）

56.《血液运输要》（WS/T 400—2012）

57.《全血及成分血质量要求》（GB 18469—2012）

58.《献血者健康检查要求》（GB 18467—2011）

59.《输血医学常用术语》（WS/T 203—2001）

60.《国家卫生城市标准（2014 版）》（全爱卫发〔2014〕3 号）

61.《全国文明单位测评体系（2017 年版）》

后　记

2017 年 11 月 30 日，重庆市第四届人民代表大会常务委员会第四十二次会议审议并全票通过了《重庆市献血条例》，市人大法制委员会、市人大教科文卫委员会、市人大常委会法制工作委员会、市司法局、市卫生健康委员会共同启动了本释义的编写工作，经过编写组全体成员近半年的努力，数易其稿，终于得以出版发行。

本书由潘登、何峻卉（第一章），吴凯、曾志刚（第二章），欧阳熊妍（第三章），余泽波（第四章），程雪莲、朵鹏（第五章），谢婷婷（第六章、第七章）共同撰稿。程雪莲同志完成全书统稿工作。

本书编写过程中，重庆市血液中心、重庆医科大学附属第一医院、西南政法大学最高人民法院应用法研究基地给予了大力支持，在此一并表示感谢。

编　者

2019 年 6 月